800年に一度の〝文明交代〟がやってくる

コロナ後のニッポン

小西昭生

Clover
クローバー出版

800年に一度の〝文明交代〟がやってくる——コロナ後のニッポン

まえがき

２０１９年12月、中国湖北省武漢で発生した「新型コロナウイルス感染症（ＣＯＶＩＤ－19）」は、３か月余りで世界の１９３の国と地域に広がり、その感染者は２００万人を超えた（２０２０年４月15日時点）。亡くなられた方には、ご冥福をお祈り申し上げると共に、感染した方には、１日も早いご回復をお祈り申し上げる次第である。

２０２０年３月11日、ＷＨＯのパンデミック宣言以降、一連の事象は、人々に更なる不安や先行きの不透明感をもたらしている。

ウイルス感染の防疫対策のため、人の移動制限が世界各国で行われている。これに伴う経済活動の停滞を懸念して、世界の株式市場で、相場の大幅な乱高下が繰り返されている。為替相場も不安定で、変動幅が大きくなっている。

昨今グローバル化した国際経済が、この見えないウイルスに直撃を受けたと言わざるを得ない状態である。

ＩＭＦのゲオルギエバ専務理事は、「（１９２９年の）大恐慌以来、最悪の不況を経験する可能性が高い」と危機感をあらわにした（２０２０年4月14日）。

しかし、いたずらに嘆き、不安を口にするだけでは、人類は進歩・前進できない。本書では、経済活動の低迷に伴う人々の不安や見通しの不透明感に寄り添いながらも、これから到来する新しい時代と、その社会を展望していきたい。今回のコロナ騒ぎは、資本主義と決別するかも知れない時代の転換点を示している。

資本主義の次に来るであろう新たな時代を具体的に描き出して、読者に安心と調和をお届けすることを基本方針として、本書は企画された。

企画意図は、「人類の運命」を解き明かし、「世界に平和を取り戻すこと」である。衝撃的な内容もあるかも知れない。しかし、読者の皆さんが、混乱の中、本書の内容に触れて、先行きに希望と光明を見出していただければ幸いである。

２０２０年７月　著者記す

本書は、２０２０年３月から４月にかけて執筆された。

記載したデータおよびそれ以降の状況については、最新のニュースおよび情報ソースを参照していただきたい。本書の内容は、いかなる政治団体・宗教団体・思想団体とも、一切の関係はない。

目次

【21世紀の基本原理】

第2章　天象・気象に起きていること

～地上に壮大な浄化作用が起きる～

第3章　心の教育・真人間の生き方
～民主主義のあと、幸せの原点を探る～

第4章 経済システムと日常生活の変化

～意識の変化が生活様式を変える～

第5章 平和に暮らすヒント
～個人意識の希薄化と親切心～

第6章　日本国の黙示録

～既存の統治機構の崩壊と新しい総意形成の仕組み～

プロローグ

本書は、第1章で、物質文明の現状を把握する。なぜ今、地球規模で新型コロナウイルス感染症に見舞われているのか、その深い原因と反省に触れる。その上で、第2章以降、それぞれのテーマに応じた原因分析を行うと共に、今後予見される新しい時代に相応しい「世界の安定と平和」を、どのように取り戻すことができるかを、テーマごとに明らかにする。

不透明感が漂う中、どうして将来のことが書けるのか、訝《いぶか》しく思われる方も多いと思う。

筆者は、石油会社で原油の採掘から販売の第一線まで、本社人事部・営業部などを含めて、多様な職種を経験したビジネスマン出身である。

42歳で環境問題に目覚め、45歳で独立起業し、現在も、水処理技術の研究を続けている個人事業主である。

水処理技術を学ぶ際に、ヒマラヤで修養を重ねた科学者・思想家に出会う。その方（以下「大師」と言う）から水処理の研究開発を学ぶ傍ら、見えない世界への科学的なアプローチについても、直接手ほどきを受けた。

見えない世界の詳細については、拙著『サイエンス・スピリチュアルの教科書』（小社刊、２０１８年）をご参照いただきたい。

最終の第６章の後半は、大師から預託された言葉（預言）を、具体的に展開した内容となっている。その預言された内容は、「人類救済」「世界平和」が大きなテーマになっている。

また大師から直伝された「インスピレーションを受ける方法（明想）」によって、筆者が感得した内容を含めて構成されている。

基本的には、これからの数年間の見通しを記した。ただし、項目によっては的外れになる可能性があることを承知で、数十年程度のスパンの見通しを述べている部分もあるが、ご了承いただきたい。

今回の新型コロナウイルスの出来事を、物質文明の衰退と、新しく勃興する「精神文明の幕開け」ととらえて執筆した。

市井に生きる一市民の見解であるが、執筆内容については、多くのブログ読者・講演会などの参加者から、絶大な信頼とご支持をいただいている。

ご支持をいただいている皆さんから、「新しい時代に期待できるようになった」「心が軽くなった」「希望を持って生きるようになった」などと、好意的なご意見をたくさん寄せていただいている。

本書の内容も、講演会などの内容を基本に記述しているので、読者の皆さんにも、平安と安心の世の中に変化していくことを感じ取っていただけたら幸いである。加えて、これからの生き方のヒントとして、お役立ていただけるようであれば、なお一層の喜びである。

第1章　時代の転換点に直面した人類
～資本主義の軌跡と、その先の時代を見通す～

1　今までの時代（コロナショックまで）

21世紀は、文明が転換する時代である。産業革命以来続いてきた物質的豊かさと利便性の追求は、技術革新の進歩に伴い、極まった感がある。

時代を画す出来事

日々の生活を送る中で、物質的に豊かになっても、どこか満たされない自分の心に気付いている人は多いと思う。

タワマンや郊外の一戸建てに住み、外車を乗り回し、美酒・美食を楽しみ、ブランド物を身に着けていても、心からの満足は得られず、真の幸せはつかめないと、かなりの人がわかっている。

1995年1月17日の昼、都内で阪神淡路大震災発生直後に、当時勤務していた石油会社の親しい役員（故人）から昼食の誘いを受けた。新入社員時代の直属の課長で、厳しい指導を受けたバリバリのオイルマン。昼食をはさんで、話の最後に、「地震は、在ると思っていたものが、根こそぎなくなってしまうんだね」と、寂しげに話をされた。

その言葉の響きからは、心に受けた衝撃の大きさと、「見えるものは頼りにならないのだ」という価値観の転換を余儀なくされた心情が察せられた。舌鋒鋭く檄を飛ばしていたリーダーの影は消えて、見えるものの価値が失われたことの衝撃の大きさを、明らかに表していた。この情景だけは、今でも鮮明に覚えている。

更に、2001年9月の同時多発テロでのワールドトレードセンタービルの倒壊惨劇、そして、2011年3月の東日本大震災で、見えるものの不確かさ・儚《はかな》さを、これでもかと言わんばかりに、見せつけられてきた。

東日本大震災では、物質的なつながりよりも、心でつながっていたい、励まし合いたい、助け合いたいという素直な思いが、「絆」という文字に凝縮された。それ以降、日本では「絆」が、つながりを示すシンボルとなった。つながるという暗黙の合意は、底流となって今なお続いている。

病理の複雑化

文明病と言われる「心あるいは精神的な病理」も増えた。物質的なものや利便性に価値を置き過ぎて、心の面が失われてしまったことが原因である。

病死の原因の変化が見逃せない。第二次世界大戦直後、1950年までは結核が1位であった。結核の制圧後は、1951年から1980年までが、脳血管疾患が1位。1981年以降現在までが、悪性新生物（癌）が1位、心疾患・脳血管疾患が2位・3位を占めている（厚労省統計：死因順位別死亡数・死亡率（人口10万人対）の年次推移より）。

また、パーキンソン病・筋萎縮性側索硬化症（ＡＳＬ）・筋ジストロフィー症など、難治性の難病認定を受ける人も、文明の発展・医学の発展と共に増えていることは、何かの偶然であろうか。

防腐剤・合成着色料・化学肥料・人工飼料・農薬などの化学物質に由来する製品は、利便性の追求によって使われ始めたものばかりである。

その化学物質が、体内で相互に反応し、人体にアレルギー性の反応を起こしている。具体的には「花粉症」や「食物アレルギー」を引き起こし、不快で不便な生活を送る羽目になる。

利便性の追求が、かえって不快さ・不便さを招いたという皮肉な結果である。

物質的な豊かさを求めるあまり、自分の内面を振り返る時間と習慣が減ってしまい、物質のとりこになっている人も、病気になりやすい。

癌の原因は諸説あるが、化学物質・農薬・紫外線（光の粒子性・物質性を示す）・ビタミン不足など、物質に起因するものが多い。

漢字の文字の構成にも原因が示されている。例えば、「癌」という漢字は、品物の「品」＋「山」に「病だれ」で構成されている。要するに、物質という品物が山となった生活習慣の結果が、癌であるという意味を示している。

東洋医学に造詣の深い医師や鍼灸師・マッサージ師は、性格的に頑固な方が「癌」になりやすいという経験則を教えてくれる。心の修養という観念すら薄らいでいる今、改めて「心の在り方」にも目を向ける必要がある。

病《やまい》は、ヤマイ・ヤミ（闇）に通ずる言霊を持っている。にわかには信じがたいかも知れないが、「病は気から」と言う通り、自分が顕在的に意識していること（考え・思い）や、潜在的に意識していること（漠然とした不安・心配）などが、病気という形で表面化する。いわゆるストレスによる免疫力の低下や身体機能の衰えが、病の原因である。

心の在り方が、言葉に表れる。言霊の力は、無視できない力と実現力を持っている。心の在り方・言葉の使い方には、十分注意を払わなければならない。

病気より更に深刻な問題は、自死の数が交通事故死の数を上回っていることである。

令和元年の警察庁データによれば、自殺者数2万0169人、交通事故死者数3920人である（警察庁ホームページより）。

自らの意思で命を絶つ者が、不慮の事故で亡くなる人の、およそ5倍である。いじめの問題を含めて、社会的な病理が「心」に起因していることを指摘しておきたい。

以上概観した通り、物質文明が頂点に達した今、物心両面のアンバランスが招来した不安や悩みを原因とする構造的な社会問題があることは、心しておかなければならない。

今までの時代とは、そういう時代であった。

2 新型コロナウイルスが教えること

20世紀は、戦争の世紀と言われるくらい大規模な戦争が多発していた。21世紀初頭までは、幾分その流れが続いていたが、大規模な戦争は、これからは減っていくと予想される。

対立闘争から智慧の時代へ

世界の指導者層は、人類を滅ぼすような、核兵器を使った世界規模の大戦は、引き起こしにくい。

理由は明解である。なぜなら、世界経済がグローバル化した現在、地上の局地で戦争が起きると、それによって交易手段の狭小化が経済活動の停滞を引き起こし、世界経済全体へ良くない影響を及ぼすからである。このことが、新型コロナウイルスの件で明らかになってしまったのだ。

世界規模の戦争になれば、経済的に結びついている国同士は、戦勝国・敗戦国という線引きができなくなる。

戦争という解決手段ではなく、「平和交渉」という智慧を使わなければ、人類自らが、恐竜のように突然地上から消えてしまう運命にある。

そのほかにも、電子戦に代表されるように、兵器の極端な高性能化・運用の進歩により、ピンポイントで特定の個人の殺害が可能になった。

戦争はできにくくなるが、現在の世界情勢からは、自国の国防意識と防衛手段の維持は、ユートピアへの移行期間なので、残念ながら、現状では必要ではある。

3 コロナ騒ぎの中の世界の政治・経済概観

2020年3月、世界の長距離航空輸送は、防疫対策を理由に、その機能をほぼ失っている。人的・物的輸送量の減少に伴い、貿易額は目を覆わんばかりの数字になると予想されている。そこから派生する諸問題を、簡便ながら整理しておく。

●EUの弱体化もしくは崩壊

2020年3月、欧州25か国が加盟するシェンゲン協定（国境検査なしで国境を越える自由協定）が、防疫を理由に事実上停止された。EU域内で、国境意識が復活した格好である。

これに伴い、各国の右派勢力を中心としたナショナリズムの復活が顕著になる。極右と言われる勢力が伸長して勢力を増し、EU離脱を宣言する政権が誕生する可能性は、英国以外でも否定できない。

●米中のしのぎ合い

互いの覇権争いの結果、米中双方が国力（ＧＤＰ）を減らし、世界経済も緊縮傾向になる。半導体の生産シェアを見ても、アジア圏45％、米国ＥＵ圏では55％である（「EE Times」（２０２０年3月17日）、湯之上隆氏の記事より）。まさに、東西のつばぜり合いである。

●ロシアの外交攻勢

米中の覇権争いの隙をついてくるロシアの動きも目が離せない。プーチン氏の大統領続投シナリオが、徐々に明らかになるだろう。

その結果、ＥＵが東側から崩される可能性も指摘しておく。

●交易範囲の縮小

新型コロナウイルスの終息が長期化した場合は、アジア経済圏・北米経済圏・欧州経済圏など、大きく見た経済圏同士の交易量は、ますます低下すると予想される。

●資本主義の衰退

こうした一連の動きを鳥瞰図として見ると、ＥＵ・米国を中心とした西洋的経済原則や価値観が、その地位を下げることが考えられる。

加えて、株式市場の平均株価が世界中で乱高下している現在、株式を中心に動いていたお金の絶対量と価値が低下することは、誰が見ても頷けるところである。これは、資本主義の縮小または衰退を意味する。

資金をいたずらに市場に供給する量的緩和も限界に近づいている。マイナス金利にして、更に資金の供給を増やす手法をこれ以上取れないことは、市場関係者は織り込み済みである。そのあとに来るのは、行き場を失った資金がもたらす「ハイパーインフレ」である。

これで資本主義は衰退する。２０００年前にもあった「為替両替商」は、生き残るだろうが。

オリンピック・パラリンピックの1年延期も決まった。この国際イベントの延期による経済損失は、世界中を合計するといくらになるのか、現時点では答えが出ていない。また、1年延期のシナリオが、そのまま実行できるかどうかも保証がないのが、今、である。

各国政府が、経済的に行き詰まった国民に「一時金」を配るのも、応急措置にはなる。だが、長期的に見れば、国民が自国の財政を赤字に追い込むことになり、私たち自身が自滅の道を歩むことになる。お金をいくら印刷してもハイパーインフレになるだけである。

物質的な援助をする方法は、援助する物資が枯渇したとき破綻する。お金の印刷が間に合わなくなれば、お金が枯渇したことになる。

4 コロナ騒ぎ直後の日本、経済の崩壊は必然

既存の社会システムで、必要最低限のインフラや産業分野は、維持されるか優

先的に回復すると思われる。

水道・エネルギー・農業・漁業・交通・物流・保健医療・製薬・郵便・銀行は必要である。


コロナ騒ぎが一段落して、5年程度の期間を概括的に見てみる。

●統治機構

ゆるい中央集権が成立する。非常事態宣言が出された場合に、一時的な時限立法として行政の「大政奉還の可能性」もある。

三権分立は維持されるであろうが、行政は、一時的に機能不全になる可能性を持っている。

象徴と補佐役が中央（国家外交＝鎖国、防衛＝防人《さきもり》、予算）を束ね、そのほかの省庁機能は地方分権の名のもとに大きく地方自治体へと移譲される。

●政治

徳を積んだ者が統治する時代に変化する。人徳がないと生き残れない時代になる（人徳選挙）。

●株式の制度

上場市場が大幅に集約されるか、市場そのものがなくなる。ただし、資本としての株式制度がなくなるわけではない。1929年、ニューヨーク株式市場の暴落から100年目の前後が特に要注意である。

●大企業

一部は残る。基幹製造業（エネルギー・鉄・セメント窯業・軽金属など）は、一定程度必要である。

●雇用

大企業の縮小均衡に伴い、独立事業主・個人事業主・自営業が増える。現在の小規模な会社は存続するが、必要最低限の素材関連会社・食品会社・介護事業者が、地域社会の中で生き残る。それよりも農業従事者が格段に増えると予想される（詳細後述）。

●社会インフラ

自治体（行政サービス・警察・消防・防災・救急医療・水道・徴税）・医療（病院・中間床・薬品）・介護・基幹鉄道・国道・高速道路などは不可欠のものである。

●不動産

私有制度は、そのまま維持される。価値は別物で、経済の縮小に伴い価格は下がる傾向が予想される。2020年1月時点の公示地価が、3月18日に国土交通省から公表された。おそらく今後5年間の最高水準と思っても間違いはないだろう。

経済の縮小が、不動産という比較的安定した財産の価値を下げてしまう。

●借金

ある時点で棒引きになる可能性がある。もし、大政奉還があるとしたら、それまでの経済的混乱を鎮める意味でも、今日的な徳政令の発令は必要な政策の一つになりうる。

5 伝統的な「思いやり」が復権してきた

新型コロナウイルスの防疫対策で、学校が休校になったことから、「親切心」という動機で、実社会は動き出している。

2020年3月には、売れなくなったものを転売するルートを探してあげて、応援するというニュースが流れた。

学校給食の突然の休止で、行き場を失った食材を、子ども食堂に使ってもらう。学校給食で余剰になっている牛乳を、一般販売ルートに乗せて、損失を少なくする。卒業式がなくなって、解約された花を、お花屋さんに代わって、仲立ちの紹介者が売り先を見つけてあげる。このほかにも、思いやりや親切な心の動きを反映している出来事が、ニュースで見られるようになった。

これらの実例は、情報化社会が、良い意味で成熟してきたことを示している。その底流にあるのは「絆」「親切心」と「ものを大切にする心」である。

市民レベルでは、日本人の心の優しさ・親切心を基礎にした、お互いが心を通わせる「思いやり」が生き続けていた。その思いやりこそが、西洋における同情（ギブ・アンド・テイク）ではなく、東洋的な布施（ギブ・アンド・ギブ：与えきり）の心遣いにつながっている。

これからの社会は、「思いやり」だけではなく「与えきり」が、人々の内面に大きく芽生え、意識されていくことになる。

ここまで、近未来の予測を述べてきたが、第1章を締めくくる意味で、これからの日本社会が大きく変容する裏付けとして、「文明の交代」について触れることにする。

6　近未来のリーダー像

物質文明が行き詰まると、精神文明が勃興してくる。物質文明と言うと肉眼で見えるからわかりやすい。ここで、物質文明と精神文明の特徴を整理しておきたい。

物質文明とは、「見えるものに価値を見出す文明」である。科学技術を基礎に日々の生活を便利にして、快適で安心な生活を目指す。時にはエポックメイキングな発明や発見が人類の幸福と繁栄をもたらすこともある。

精神文明は、「人々に安心と調和をもたらす文明」である。今の物質的思考に慣れた現代人には、未経験な時代になる。
快適で安全・安心な生活は前提にしているが、科学的なブレイクスルーをもたらす発見は少ないかも知れない。しかし、物質文明の遺産がある程度維持されていれば、技術開発の面では、進展が見られる可能性も期待できる。

精神文明が力を増すのは、物質文明が築き上げてきた形が崩れ去る瞬間である。本章の冒頭「時代を画す出来事」でも触れたが、大規模な地震により、物質的なもの・見えていたものが局地的に崩壊する惨状を、私たちは見てきている。そのとき、人類が経験するのは、「モノは消える」という事実である。禅問答の中に出てくる「形あるものは、すべて滅す」という言葉は、その本質を突いたものである。

ゆえに、物質的な繁栄が衰退したとき、目には見えないが、心を強くする生き方の指針のようなものが必要になる。
自我が強いのではない、個性が強いのでもない。柔軟に思考をめぐらすことができて、高い見識を有する科学的発想ができる者、それが新時代のリーダーである。

一言で申し上げれば「徳の高い科学的見識を持った人」ということになろう。「徳の高さ」。これが、精神文明を支えるリーダー像の根本にならなければならない。

7　文明の交代の実例(文明法則史学)

文明法則史学によれば、西洋と東洋は互いに800年周期で隆盛と衰退を繰り返しているという。

現在は、西洋の隆盛期である800年目が終わりの節目を迎えている。では、今から800年前は、西洋で何が起きていたのか。

日本では、西暦1200年前後、鎌倉幕府が成立し、元寇を機に衰退し、室町幕府へと代わる中、文化的な発展が目覚ましかった時代である。

800年前の欧州は、13世紀初頭1220年頃である。欧州、特にイタリアで始まったルネサンス期の初期に当たる。

ルネサンス期には、シルクロードを通じた交易から、イタリアを中心とした西欧に富が集積され、やがて各国の都市に大学が設立されていき、以後の科学技術発展の基礎が出来上がっていった。

同時に、シルクロードを通してペスト（黒死病）が中国からイタリアにもたらされ、14世紀と17世紀に猛威を振るった過去の史実と、現在の新型コロナウイルスのパンデミックは、軌を一にする因縁を感じる。

大航海時代・植民地経営から第二次世界大戦後の20世紀末に至るまでは、西洋文明の興隆で彩られていた。

では、その前の800年間は、どうであったか。AD400年、5世紀の始まる少し前に始まった「ゲルマン民族の大移動」に端を発して、現在の欧州が相互侵略を繰り返す戦場になっていた。文化的にもキリスト教会が勢力を増し、「暗黒の中世」と呼ばれる時代が始まった。科学技術より、キリスト教会の絶対性が欧州を覆っていく。

現在の西欧諸国へ、中近東から難民が押し寄せている状況は、匈奴の西進、ゲルマン民族の大移動という史実と重なって見えてならない。

東洋では、王朝の変遷はあるものの、中国では隋・唐・宋が覇を唱え、文化的にも花が咲いた時期である。黒色火薬の発明（9世紀中国）もこの時代である。

更に遡ると、その前の800年間は、紀元前400年から紀元後400年である。ギリシャ文明が起こり、ローマ帝国が覇を唱え、地中海文明の絶頂期に当たる。土木技術が発達し、ローマの石造建築物や水道施設の建設など、人々の日常生活が便利になる「見える形の発達」が見られる。

東洋では、秦の始皇帝から始まり、前漢・後漢・三国の時代を通じて、文化的には、西洋と比べると平坦な推移を見せている。

このように、1600年を1周期とする東西の文明の交代劇が、文明法則史学に集約されている。

8　超長期的な文明の交代周期

このような文明交代の波を更に長期的に見ると、黄道十二宮の星座の変遷を基礎にした文明の交代劇を知ることができる。

その1周期は約2万6000年前後である。一つの星座が、約2150年間に相当する。

イエス・キリストの生誕がAD1年前後とされている。この時期の少し前を境に、星座は「双魚宮（パイシス）」に入ったと言われている。更にそれから20

00年余りを経た現在は、次の「宝瓶宮《ほうへいきゅう》（アクエリアス）」に移行する時期に入った。

詳しく知りたい方は、西洋占星術の関連書物をご参照いただきたい。

ここでは、本書の趣旨に沿って、双魚宮・宝瓶宮という二つの星座が示す時代の特徴と変化を説明する。

21世紀、今世紀初頭を境に、黄道十二宮の星座の運行が双魚宮（パイシス）、いわゆる魚座の時代から、宝瓶宮いわゆる水瓶座（アクエリアス）の時代に変わっている（以後、便宜上、双魚宮をパイシス、宝瓶宮をアクエリアスとカタカナ表記する）。

パイシスの特徴を表すキーワードは、「対立・闘争」である。

これまでの2000年間、幾多の戦争が起きて、局地戦からその規模が拡大し、東西冷戦時代という緊張状態を体験した。特に、キューバ危機と言われる核戦争寸前まで突入した地球規模の緊張関係は、人類に科学技術の怖さを深く知らしめた。

その後、1989年11月、東西ドイツを隔てた壁が崩れ、世界の緊張関係は徐々に氷解に向かった。

1991年12月、ソビエト連邦が解体消滅した。これは、共産主義が掲げていた「唯物史観」という「もの」に価値を置く考え方が衰えたことを意味する。物質文明の衰退と軌を一にしている実例である。中国共産党も、表看板は共産主義であるが、実体経済は、西洋の合理性を体現していると言わざるを得ない。

現在は、最後の対立と言われる東洋と西洋の覇権対立・闘争（米中の貿易戦争など）や、北米大陸と南米大陸の政治的・経済的対立が起きている。

別な言い方をすれば、パイシスの時代は「見えるものの奪い合い」の時代である。西洋列強がアジア・アフリカに展開した植民地争奪戦は、その象徴とも言える。


では、これからの時代を特徴づけるアクエリアスのキーワードは何か？

ズバリ「智慧の時代」である。

人類にとって、地球上に未踏の地はなくなった。そこへ77億人という人口をかかえて、かつてない食糧・資源の奪い合いが危惧される。このまま地球上の資源争奪が起きれば、人類は同士討ちを覚悟しなければならない。
それを避けるには、新たな「人類共生の理念」が求められる。

その理念が見つけられず、争いが起きるようであれば、過去に生きていた恐竜が、突然地上からいなくなったことを想起せざるを得ない。

人類のサドンデスである。
原因は、核兵器による戦争か、大きな隕石の衝突である。ある国には、超長距離から地球に向かってくる小惑星や彗星を観測する専門家がいるほどである。

その文脈から、人類全体は、バラバラな意識のまま消滅する運命を辿るのか、共通の意識を取り戻して生き永らえるのか、分岐点にいるように思えてならない。

9　物質文明と精神文明の整理

改めて「物質文明」を一言で言えば、「酸化・崩壊型の文明」である。自然界に対して、「征服」をテーゼとして発展してきた文明で、エントロピーの増大（乱雑さ）を容認する立場である。

「精神文明」は、「還元・共生型の文明」である。自然界に対して、「共生」をテーゼとして発展する指向性を持っている。自然界の秩序回復をもたらす文明である。

物事の判断については、物質文明では、自分の損得で判断をする。精神文明では、相互に助け合う、絆の観念・親切な気持ち・思いやりなどが基準となって判断をする。相手の利益を考えてあげる「ギブ・アンド・ギブ」が時代の底流である。

物質文明では、損得の尺度でドライに割り切るが、精神文明では、お互いがよりマクロの立場で、相互の利益まで含めた総合的な判断をする。お互いがお互いを生かすように判断するのである。

現代人から見れば、お人よしの文明である。だが、お人よしでないと生き残れないのが、精神文明の社会なのである。

頭が良いとか、賢い・鋭い者が生き残るのではない。ずるがしこい者が儲かるわけでもない。正直だけで生き抜けるわけでもない。臨機応変に「智慧を出し合えるもの同士の連帯と信頼」こそが、人類発展の基礎である。

精神文明発展の基礎は見えている。これをどのように地上で展開していくかが問題である。その詳細は、これからの各章で見ていきたい。

【21世紀の基本原理】

第2章以下の内容は、この基本原理に基づいている。

●隠れていたものが、あらわれる
どの分野でも、この原則が働く。
見えていたものが消えて、見えていなかったものが見えるようになる。

●モノから、ココロへ
所有から、シェアへ。
物欲の減退・内省性の高まり。

●信用の基準が、お金から人へ
言行一致・人相・人は見かけによる。

●大きなものが、小さくなる
大企業は数社、小企業と個人商店が生き残る。

●西洋流ビジネスモデルが衰退
大量生産・大量消費ではなく、多品種少量生産・少量消費・地産地消。
合理主義の見直し。
セントラルキッチン・フランチャイズ・マネーゲームは大幅に縮小。

●征服する、から、共生する、へ
自然に対する取り組み方が変わる。
知識から智慧へ。
天変地異には、いつでも対応できるように心を強くする。

第2章　天象・気象に起きていること

～地上に壮大な浄化作用が起きる～

物質文明が衰退するとき、極めて象徴的な出来事が起きる。

それは「水は水で贖《あがな》われる（「物質文明は、水で罪をつぐなう」という意味）」という原理が働くことで起きる。

すでにそれが、世界中で現実のものになっている。

1　文明と水

形あるもの（物質）を作るときは、必ず水という質料が必要になる。食品を考えてみれば自明である。炊飯器には、お米と水を入れるとご飯が炊ける。そばを打つなら、そば粉に水を徐々に混ぜていく。うどん・パンなど小麦粉を原料とするものは、水が必要不可欠である。

半導体工場も、良質の水がなければ、チップの製造工程で使用する各種の水の浄化コストが上がってしまう。従って、世界規模のコスト競争には勝てない。宇宙空間への人類の進出は、水資源の確保が可能な天体を探すことから始まる。

このように、人間が文明を築き上げるためには、「水は必要不可欠」の物質である。別言すれば、文明が発達するには、水を大量に供給できる地理的環境が必要である。

世界の四大文明が、大きな河川の流域に発生したことは、誰もが知るところである。文明が発達するにつれて、水は過剰使用されていく。ところが、「過ぎたるは及ばざるがごとし」で、それほど水が必要なら、「更に水を注ぐぞ！」という大いなる意思が働く。つまり作用・反作用の法則で、干ばつや水害が起こるのである。

2　気象の異常

大いなる意思が働いたとき、まず「気象に乱れ」が生じる。

天候不順は、日常茶飯事である。２０２０年３月29日、東京地方はお彼岸を過ぎたというのに降雪があり、積雪は一時的に５センチを記録した。

巨大化した台風・ハリケーンの被害は、世界各地で何年も前から起きている。２００２年８月には、欧州で大規模な洪水被害が発生した。２００５年８月には米国南東部で、巨大ハリケーン・カトリーナが猛威を振るい、当時のブッシュ大統領がルイジアナ州に非常事態宣言を出した。

日本でも、２０１８年の西日本豪雨災害では、「線状降水帯」という術語が身近になった。２０１９年９月の台風15号（房総半島台風）は、千葉県を中心に甚大な被害をもたらした。続いて同年10月の台風19号（令和元年東日本台風）では、14都県に及ぶ広範囲な被害が発生した。国は激甚災害・特定非常災害（台風としては初）の指定を行った。国家予算をもって被害の復旧・対応に当たるという、国を揺るがす被害があった。

長野県内にあった北陸新幹線の車両基地が水没し、新幹線の車両120両が廃車処分になったことは、記憶に新しい。

このような水害事例は、今後も続くことが、気象学者・識者の間で予想されている。詳述は避けるが、地球温暖化による蒸発水蒸気量が増えて雲量が増え、大雨が連続する条件（線状降水帯の発生現象など）が整うからである。

3 形を変えた水害

水害は、水の直接的な被害ばかりではない。局地的に水が偏れば、水が極端に不足する地域も発生する。

旱魃《かんばつ》である。旱魃が発生するのは、水の分布が非常に偏るからである。一般的な水があふれる水害とは逆の、「水が干上がる水害」である。

２０１９年12月から、日本各地で顕著になった雪不足は、今後の稲作への影響も考えられる兆候であった可能性がある。

なぜならば、山岳地帯に降り積もった雪は、水が氷雪の形となって貯蔵された水である。山で貯蔵された氷雪は、春先から夏にかけて、徐々に解けて、川を潤し、流域の稲作の貴重な水源になっている。山の雪を見たら、美しさばかりを楽しむのではなく、自然界が与えた「天然のダムに感謝する」くらいの視野の広さを持っていただきたい。

従って、暖冬による雪不足は、旱魃の一種と見ることができる。春先の稲作に必要な水が不足する可能性があるということを、認識しておかなければならない。山に降る雪がなくなれば、河川の流量が減り、農業用水の取水量が十分には得られなくなる。そのとき、天を仰いでも、「時、すでに遅し」である。

物質文明の過度な発達は、同時に文明消滅の危機も胚胎しているということである。

4 地震・津波

目を足元に移してみよう。目に見えない大地の変化が進行していることは、日常では、まったくと言ってよいほど意識されていない。

新宿駅周辺・渋谷駅周辺・虎ノ門駅周辺・東京ベイエリアには、高層ビル群が建設されている。東京オリンピック・パラリンピック後を見据えて、更に都内各地で不動産開発が進み、経済発展を強力に支えようという勢いである。大阪でも、あべのハルカスなどの高層ビルが増えている。

その高層ビル群の下に起きる重力異常は、ほとんど意識されていない。

高校の地学で習う「ジオイド面」の変化が、高層ビルの建設によって起きるということを指摘しておきたい。

ジオイドの説明を、ウィキペディアから引用してみる。

『ジオイドとは、地球の平均海水面に極めて良く一致する等《とう》ジオポテンシャル面を言う』

これだけでは何のことか意味不明である。平たく言えば、次の通りである。地球の平均海水面が、仮に陸上を含めて地球全体を覆っているとする。この平均海水面が地球の形に似ている。地球が西洋梨の形に似ていると言われるのは、このジオイド面の測定結果で判明したことである。

ところで、ジオイド面は高い山の下では盛り上がり、深い海溝のようなところでは落ち込んでいる。これは、質量が存在するところに重力が働く結果である。

高層ビルが立ち並ぶと、高い山の下のジオイド面が盛り上がるように、高層ビル群の下のジオイド面も盛り上がる。そこでは、今まで均衡を保っていた重力状態とは異なる「重力変化」が発生する。重力変化が発生した場所は、ジオイド面が上がり、周辺のジオイド面は相対的に下がる。ジオイド面の変化が周辺に広がるので、大地は不安定化する。

不安定化した大地は、測地学や地球物理学から見ても、非常に動きやすい状態になる。環太平洋火山帯では、もともとプレートの動きが活発なため、高層ビル群の出現でジオイド面に変化が起きて、周辺は海域を含めて地震が起きやすくなる。

現在の「プレートテクトニクス理論（大陸移動説）」だけで、地震が説明しきれないのは、測地学などの幅広い学際的な知識の動員がないことによる。

5 天災か人災か

何を申し上げたいかと言うと、高層ビルを際限なく建設すると、ジオイド面の上昇を引き起こし、重力異常が発生し、地震発生の確率が高くなるということである。

では、地震は天災地変か、人間自身が文明を発展させた結果の人災なのか、どちらなのか強く再考を促したい。

地震によって引き起こされる津波は、このジオイド面の変化の結果であるから、津波の被害も、人間が発展させた文明の結果であるとも言える。

現代における地震や津波の被害は、生命体としての地球の自然現象に加えて、人為的な要因が加わっていることも念頭に置かなければ理解できない。

6 地図が書き換わる大地震の予感

「サハラの目」という言葉をご存知だろうか。サハラ砂漠のやや西側、モーリタニアにある円形に陥没した特殊な地形である。GPSの測地システムで再確認された地形である。

以前は、隕石の衝突した痕跡とされてきたが、その底からは、該当する成分が検出されず、長年謎であった地形である。

なぜここで取り上げるかと言えば、その地形こそ、ギリシャの哲学者プラトンの書き残した、伝説の古代国家「アトランティス」の首都の大きさと一致したからである（英国の新聞「Mirror」2018年9月8日の報道による「YouTube」チャンネル「Bright Insight」の動画）。

ここで、カルト的な話を持ち出そうとしているのではない。実際の測量結果が、プラトンの記述と一致したということを、お伝えしたい。

プラトンの記述によれば、アトランティスの直径は127スタディオン＝約23・49キロメートルである。

「サハラの目」のGPSの測定結果は、23・5キロメートル。プラトンの記述とほぼ一致している。

更に、その形状は、陸地と海（水面）が交互になって、環状に同心円状に並んでいる。この地形は、プラトンが残している記述と一致している。

また、プラトンの記述には、「アトランティス大陸の北側には山が広がり、南側は長方形の平原が広がっていた」とあるという。驚くべきことに、「サハラの目」の周囲の地形もその通りになっている。

わかってきたことを総合すると、アトランティス大陸は、北アフリカの西側に存在していたことになる。

ここまでが客観的な事実である。

アトランティス大陸は、その文明が最高潮に達したとき、突然海中に没したという伝説がある。GPSのデータが示すところでは、この伝説が、まったくのウソでたらめではないと思えてくる。

現在の大西洋に大きな地殻変動が起きて津波が発生し、それが一夜にしてアトランティス大陸を消滅させたというシナリオは、現実味を帯びてくる。

実際、サハラ砂漠の成因についても、大量の砂が大津波で大西洋から東側、アフリカ方向に運ばれたという推論は成り立つ。

また、大西洋中央部には、北極圏から南極圏に達する「中央海嶺」と言う海底山脈がある。この山脈は、地球の生命活動を裏付けている「プレートテクトニクス理論（大陸移動説）」の証拠の一つである。この山脈活動が引き起こす巨大地震と大津波が、アトランティス大陸を飲み込んだ直接の証拠はないが、推論は成り立つ。

物質文明が最高潮に達し、人々の精神性が堕落したときが一番危ない。アトランティスは、文明の最後には奴隷を集め、支配階級は遊興を極めていたという言い伝えも聞いたことがある。

7　大師の現地指導

インカ帝国の文明の遺跡と言われている場所は、南米各地に確認されている。そのうちの一つに、ボリビア共和国ティアワナクの遺跡がある。

１９９６年に、当時お元気であった大師に連れられて行った場所が、インカ帝国以前の文明の痕跡が残っていると言われている同遺跡である。

ボリビア共和国、標高４０００メートルの首都ラパスから車で2時間。更に標高の高い峠を越えて到着した場所が、有名な「ティアワナクの太陽の門」がある遺跡であった。

周囲は高地特有の荒涼とした草原の風景が広がっていた。その風景に溶け込むように、精密な石垣をめぐらした石組みの遺跡が出現した。石組みの石と石との間は、紙一枚も差し込める隙間がなく、インカの石組み特有の技術の高さを示していた。


遺跡の大きさは、東西南北約1キロメートル四方である。インカ文明の証拠となる人型の石像は、遺跡のここかしこに点在している。

その石組みに囲まれた周囲の外れたところに、明らかに何かの膨大な力によって破壊された（爆発した）石の遺構があった。石の一つは縦1・5メートル、横5メートル、厚さ2メートル前後の大きさである。人力では動かすことさえできない。当時の様子を知ることは望むべくもないが、無残な石の残骸は、科学技術が進み過ぎた過ちを示唆しているようであった。心に隙間風が吹いたように感じたのは、アンデスの季節風のせいであったのだろうか。

教えられた通り、近くの石の上に方位磁石を置くと、それまで南北を示していた磁針が、かなりの速さでクルクル回転した。間違いなく電磁的な力が放射されていることを示している。モーターの回転原理を思い出した。

インカ文明に、電磁的な技術集積があったとは考えにくく、それ以前の文明の痕跡として受け入れるほかはない。

ここで、大師との話が始まった。要約すると次の通りである。

●インカ文明以前の、高度な文明があった場所である。それを証明する遺跡・遺物はない。ただ、磁石が回転する石が残っている。

●その文明では、ここにエネルギーセンターがあり、そのパワーユニットが制御不能になって爆発した。

●その痕跡が、インカの石組みの外れた場所にあった「乱雑な石の残骸」である。

ここまで話をすると、それ以上は一切語ることはなかった。

遺跡からラパスへの帰路、車中で明想に入った。その際に見たのは、青空の中に聳《そび》え立つ濃紺のガラスのような材質で覆われた高層ビルであった。ホテルに戻りその高層ビルの意味を大師に尋ねた。

大師曰く、「それは、あなたがアカシックレコードを見たのだ」と。

それは、文明が高度に発達した最後の姿であると感じた。

なぜなら、その濃紺のガラスのような材質に似たラピスラズリ色の砂が、「乱雑な石の残骸」周辺にのみ広がっていたのを見ていたからである。

このような体験から、形あるものは、永遠のように見えるものであっても、必ず崩壊していく定めにあると確信した。

8 現在の地形図の維持

翻って、「今、私たちが生きている文明は何か？」。

答えは「物質文明」である。

では、天変地異が起きて、現在見ている景色が一変するのか？

物質に価値を置く現在の生き方が続くならば、アトランティス文明のような水没の運命を辿るかも知れない。

でも、そのようにはならないと予想している。

過去の文明崩壊を見て、そこから学ばないのは、進歩した人類ではない。人類が、精神性を高めることに価値を置くように「変性・変容」すれば、現在の地球の地図は継続すると思う。

地図の変更を防ぐには、人間の意識を、精神性の高い意識に変えることである。

9 具体的な対策

地球の大掃除をすることである。

物質的な発想を変えて、「地水火風空の浄化」を目指さなければならない。

これが、新しい産業の原点にもなる。

●地・土の浄化

農薬や化学肥料で汚染してしまった農地（田畑牧場など）の地力を回復するこ

とがテーマになる。

土とは、微生物の塊である。地力を回復することは、土に生きる微生物を活性化することである。土は生きている。そこを薬品漬けにしては、微生物は生きていけない。

●水の浄化

水は本来、汚れたことがない。水は優れた溶解力のために、あらゆる物質をその中に溶かし込んでいるだけである。ゆえに、水の浄化とは、溶け込んだ物質を効果的に除去することから始まる。また、功を急ぐあまり薬品を使用した水処理方式は慎むべきで、時間がかかっても、ゆっくり沈殿させる緩速ろ過方式の使用は大切である。

●火の浄化

エネルギーの見直しである。石油会社に奉職していた身にとっては面はゆいが、石油は、燃やしてエネルギーとして使うのではなく、素材として使うだけにとどめておきたい。その代替物として、自然エネルギーの開発が急がれる。電気エネルギーも、電圧と電流で仕事をするのではなく、「電圧と周波数」を利用した機器の開発が必要になる。

●風・空気の浄化

空気の浄化・気の浄化である。ＰＭ２・５の微粒子は肺胞の奥まで到達し、肺の機能を著しく低下させる。新型コロナウイルスの発生した中国湖北省武漢市は、都市封鎖措置後、急速に大気汚染が解消されたと報道された（読売新聞オンライン（２０２０年3月2日）：中国の大気汚染、武漢封鎖後に広範囲で改善……ＮＡＳＡなど分析「二酸化窒素の濃度が広範囲で下がった」）。

大気汚染で免疫力が後退した肺胞は、ウイルスには絶好の生息場所となったに違いない。

もう一つ忘れてならないのが、豊富な酸素の供給源の確保である。焼き畑農業の結果、アマゾンの森林が失われたことは誠に残念である。更にブラジル政府が、広大な工場建設用地として、アマゾンの森林地帯を開発して、国際的な非難を浴びたことは、記憶に残っている報道である。

これは、アマゾンに限ったことではない。都市の緑化を含めて、世界中が「森との共生」を人類の今日的課題として取り上げなければならない。

酸素不足が、どれほど人類を危機に陥れているかは、のちの章で更に述べる。

●空＝心・精神の浄化

物質文明から精神文明へ移行する際のキーワードが「心の浄化」である。

これは、一言で言えるテーマではないので、第3章に譲ることとする。

第3章　心の教育・真人間の生き方
～民主主義のあと、幸せの原点を探る～

精神文明の中核を成す「心および精神」についてご案内する。心とは何か、説明できる方はおられるであろうか。心が説明できるなら人間が説明できることになる。それは、科学的に説明できる。

1　心の本質は「善なるもの」

人間の心の本質は、「善なるもの」である。絶対善（良心）と言ってもよい。「善なるもの」は、「自我」と区別するために「神我」と名付けておく。自我も神我も、エネルギーである。肉体を動かす力である。自我という心が右に行きたいと思っているのに、身体が勝手に左に行くことはない。

性善説・性悪説という言葉があるが、それは、「相対的なものの見方」をした結果生じる「自我」に属する言説（言葉）である。

自我が生じるのは、「自分の外側を見て、他人と比較する」からである。外側を見れば、自他を感じ、優劣を感じる。これが、「相対的なものの見方」が生じる原因である。

自我の心は、五感を通して外界の情報・状況と触れることで蓄積される。学んだり研究したりして得られる「知識」も含んでいる。自我の活動の中心は、「頭部（脳）」である。

翻って、自分の裡側《うちがわ》を見つめれば、比較するものがない（「裡側」という漢字を使うのは、物理的な内外を意味する「内側」ではなく、心の中を見るという意味を含めて形而上の裡なるものを表したいからである）。

人間の裡にあるものは、「神我」という心であり、「絶対善」なるエネルギーである。そのエネルギーの中心は胸（ハート）である。
人間の裡に宿るエネルギー＝生命力は、創造主によって与えられた善なるエネルギーである。生命力こそは、人間の肉体と精神活動を一体として生動させる本源本質のエネルギーである。

従って、心には、「自我」と「神我」があり、二つともエネルギー＝生命力である。内側に神我があり、外側を自我という皮が取り巻いている二重構造だと思っていただければよい。

余談であるが、恋に落ちたとき、ハートに矢が刺さる絵を描く。これは、まさしく、自我も神我をも貫く衝撃を表現したものである。
自我は、思考停止である。神我は、「私の命はあなたに捧げます」と言って、相手に「心を奪われる」状態である。女性同士のやり取りで、「死にそうなくらい好きなの！」といった言葉を聞いたことはないだろうか？

心ここに在らず、ご飯ものどを通らない様子は、昔のドラマでも、しばしば見られる光景である。「恋寠《こいやつ》れ」「恋患《こいわずら》い」などの言葉は、精神性の高い文化の名残であろうか。現在、物質志向の強い若い人たちの間では、これらの言葉は死語になっているようである。

2 神我と自我の役割と文明

「神我とは、絶対善なる性質を表す」エネルギーである。生まれて間もない幼子が、光輝き愛くるしさを振りまけるのは、「自我」が未発達だからである。この世の相対的な比較をする能力が未熟なこの時期は、絶対善そのものが表現されている。

成長するに従って、自分と外なるものを比較できるようになる。これが、「自我」の芽生えである。成長と共に自我が強まると「美醜・羨望・嫉妬・喜怒哀楽」

などの情動的なエネルギーが顕在化する。懐《なつ》いていたはずの可愛い我が子が、突然反抗期の兆候を示すのは、自我の発達による。

常時、外側に意識が向いていると、自分の裡側に本来あるはずの「神我」＝絶対善を忘れてしまう。子供に対するとき、子供に「嫌な感情を残さないように誘導・声がけをすること」が肝である。素直な心優しい子供に育てるなら、親もまた自分の神我を把握することである。他人にかけられた嫌な言葉も、神我という超越的な観点から見れば、明るく軽やかに乗り越えることができる。

神我＝絶対善を忘れ、意識が外側に向いている自我状態が、物質文明を形成してきたと言える。合理性・利便性が優先されて、心が失われたと批判されるのは、神我＝絶対善を忘れたことが、根本の原因である。

精神文明とは、裡に意識を向ける「内省性の高い文明」である。それに似た行動を体現しようとした為政者がいた。ローマ帝国の五賢帝時代の最後の皇帝「マルクス・アウレリウス・アントニヌス」（在位AD161～180年、著作『自省録』）ではなかろうか。高校2年の夏休みに、『自省録』を時間をかけて読んだ記憶がある。

著作の主題に、「死に臨むに当たり、精神を平静に保つべき」という、禅にも似た記述があった。この一節は今でも覚えている。

現在の世界の指導者たちは、このような精神性を有しているであろうか？　また、同時代を生きている（民主主義国家の）私たち現代人は、このような指導者たちを選んでいるという意味で、同じ精神性を持っているのではなかろうか。世の中全体が物質性を指向している。急速に近代化を進めている国々も、また同じ精神性である。

ということは、物質性を特徴とする「物質文明」が、地上を覆っていると言ってよい。

改めて言う。

人の意識が外側に向いて発展した文明が、「物質文明」である。
「精神文明」とは、人の意識が裡に向いて発展する文明である。

3　正直者が馬鹿を見ない社会

今までの物質文明は、意識が外側に働くため、競争原理が基本原理として文配的な社会であった。出し抜かれても、諦めざるを得ない社会である。

根底には、狩猟民族が狩りをするときに仕掛ける「罠（トラップ）」の発想がある。個人の発想が大切にされ、物事を発展させる。単独で行う狩りもあるが、数名の仲間で成立することが多い。

獲物を追いかけるということから、行動範囲は広がっていく。大航海時代以降、植民地経営や、現在のグローバル化した経済体制は、この延長線上に組織化されていった結果である。

精神文明が成立するには、人の意識が「共生」に向かうことが必要である。お互いがお互いを認め、相手の立場や背景を理解して、協働（コラボレーション）して行動することが求められる。

そのためには、農耕社会を原型とする、協力・共同型の精神が底流になければならない。地域的なつながりが重視されるので、行動範囲は狭くなる。次の章で述べる「友愛経済」は、このような背景を持った経済を指す。日本にその源流を求めれば、「縄文時代前期」であろうか。

「正直者が馬鹿を見る」社会＝出し抜かれても諦めざるを得ない社会から、「正直者が馬鹿を見ない」社会＝協力し合って生きる社会へと転換するということである。

4　精神文明の人間性

集団への帰属意識が高まると、個人主義的な発想は影をひそめる。しかし、経済的に大きなものが不要になると、原始共産制ではないが、大きな公共財（消防ポンプ・防災拠点・水利権など）は、有形無形を問わず、地域の共有財産とする発想が必要になる。自治組織は、地域で支え合う活動に根差したものになる。

現在でも消防組織は、自治的な顔の見える人間同士が支えている地域があるが、個人主義的な考えや、役割分担の高度化で、消防団員が不足する事態を招いている。力を合わせて何かを達成するという活動に背を向けていると、いざというときに助けが得られなくなる。そういう時代へと変化していく。

人間性としては、裏表のない正直な性格を持った人間が表舞台に立つようになる。いわゆる「真人間《まにんげん》」の登場である。

真人間とは、自分は人間の姿形をしていながら、「神我」を意識して、公のために役立つことをするという発想と行動が常時できる人である。

精神文明のリーダー像は、ここでは詳細に触れないが、一言で言えば、「ストイックな自己追求型人間」とでも言おう。その人間像の内面は、拙著を参照されたい。

5　子供たちが先生である

精神文明の時代を迎えるには、教育も必要である。前述のような人間像を求めると、聖人（＝万能な人）に行きつく。

科学技術はもとより、統治・政治・経済に一定の見識がなければならない。オールマイティ・オールラウンドな人材である。

知識の勉強をしていては、専門性が高くなるばかりで、専門に特化した人間ばかりができる。それでは、オールマイティ・オールラウンドの人材にはならない。

あなたたちの母堂が子供に尽くすのは、自分の裡にある神性を本能的に感じて、愛を無限供給するからである。

夜泣きをする赤ちゃんのもとに急ぎ駆け寄り、乳を与え、優しく寝かしつける様は、神の御業に等しい。父親は、その姿や努力に思わず敬意を払う。

これが、本来の父母の姿である。

昨今、子供が虐待されるのは、自我の強い親に問題がある。

小さい頃から、子供たちは、個性を尊重されて育てられている。とんがる・目立つ・人と違うことなどが、良いことのように言われて育つと、子供たちは、心に自・他の分離を引き起こす。

自我を強める教育によって自我が強くなった子供たちの性質は、大人になっても変わらない。

虐待の原因の一つが、自我・個性を強める家庭での育て方や、教育環境にあるように思えてならない。

学校が、「個性を生かす教育」を叫びながら、学級崩壊を招くという状況は、自我の強さを伸ばし過ぎた結果ではなかろうか。

親も、自分の自我の強さ丸出しで、学校に殴り込んでいくのは、神我という「真実の愛」「神の愛」について、教育を受けていないからである。

子供たちには、親世代の価値観を押し付けてはいけない。彼らは、新しい文明を担う人材としてこの世に生まれてきている。

親の言うことを聞かないのは当たり前である。古い時代（物質文明）の教育では、新しい精神文明の時代に通用しないことを、子供たちは本能的に知っている。

そういう子供たちを、いじめたり虐待してはならない。次世代を担う子供たちが、古い世代の親の価値観を押し付けられれば、嫌がるのは当然である。彼らが好きなことを見つけやすいように導き、人間性に注目して、彼らの考えや行動からエッセンスを学び取ることが、今の親に課せられている「学び」である。

時代を先取りした家庭の中では、子供が先生で、親が生徒となる。親は、経済的に子供の面倒を見ることが大きな仕事である。親が偉いのではない、子供が偉いのである。次世代は現在の子供たちが担っていくことは、人の寿命の原則から当然である。

6 知識教育だけではなく智慧を出せる教育

精神文明の先行きを展望すれば、視点が高く・視野が広く・先見性に優れた智慧を発揮できる聖人が必要になる。この世の見える世界を聖人が統治するには、配下に、今の官僚ではない、次世代の人間で構成する官僚機構が必要である。そこに、若い人たちの活躍の舞台が広がる。

物質文明が崩壊し、文明の利器が使えなくなる事態に対処できるのは、知識ではなく、智慧だからである。若い人たちの智慧に、大いに期待したい。

聖書にも記述がある。
『そのとき、新しき天と新しき地は、あたかも一体のものの如くとなり、いと高き者の住み所となるであろう』（新しき天と新しき地：イザヤ書、ペテロの手紙・黙示録）
意味するところは、「地上の文明が交代し、そこは、精神性の高い人々の住処となる」ということである。
つまり、物質文明は、好むと好まざるとに拘わらず葬り去られる。それは、人間が、物質文明を推し進めた結果、自ら招来した結果である。

7　男の働き・女の働きとダイバーシティ

創造主が、世の中を創造したときの基本原理がある。

男性には、「能動原理」を、女性には、「受動原理」をそれぞれ与えた。これが、「能動原理・受動原理」という基本原理である。

一般的な花の雄しべ・雌しべを見てみると、雌しべは花の中心でひときわ大きく存在感を放っている。一方、雄しべは、雌しべを取り囲むようにやや小ぶりでひしめき合っている。

人間の発生も、卵細胞一つに対して、無数の精子が一番乗りを競ってアタックする。川を遡上するサケも、最後の産卵に寄り添えるのは、雄1匹である。それまでは、1匹の雌を狙って複数の雄が群がっている。

生物学的には、優秀な子孫を残そうとする自然界の基本法則である。

ある種の動物は、強い雄1匹と複数の雌で、ハーレムを形成する。数の上では、花の雌しべ・雄しべと逆であるが、これも生物学的には、優秀な子孫を残そうとする法則である。その雌の体内で行われる卵細胞と精子のやり取りは、依然として能動原理・受動原理が働いている。

一つあるいは数個の卵子に対して、それに向かう精子の数はおびただしい数である。ミクロで行われていることは、マクロにも及ぶ。女性の受動原理に対して、男性の能動原理は求婚の習慣にも見られる。

男性が、求婚の証として、女性に指輪をプレゼントしたり、結納を儀式化したのは、男性の能動原理と女性の受動原理を形式化したものである。

古事記の国産みの記述にも、能動原理と受動原理の大原則が、はっきりと記載されている。ご存知の方も多いと思うが、概略を辿ると次の通りである。

「イザナミ（女性神）が、『あら、いい男がいるわ』と先に声を発したときは流産した。これはまずいということで、イザナギ（男性神）が、『よい女がいる』と先に声をかけたら、今度は立派に子を出産した」というくだりである。

イザナギの命《みこと》のご発声（＝能動原理・男性原理）が、先でなければ物事は成就しないという教えである。

翻って、物質文明の末期には、女性が活躍する時期がある。ギリシャ文明が末期に差し掛かったとき、「女流詩人サッフォーらの活躍」は、その典型であろう。

女性の受動原理は、今あるものを受け容れて、それに対して、いろいろな改善案や提案をする作用がある。受動原理とは、すでにあるもの・あることや、見えるものに対応する能力が極めて高い。

片や、能動原理は、新しいものを創り出す・考え出すことには、極めて高い能力を示す。見えないものから見えるものを創り出すという意味である。

精神文明の時代は、見えないものから見えるものを創り出す作業が多くなる。従って、見える世界の絵巻を見れば、初めに能動原理が必要になる。その意味で男性の役割は重要である。しかし、見えるものが出来た場合は、受動原理、女性の役割は不可欠である。

「男女平等」という言葉は、精神文明では、「男女の役割分担の明確化」という言葉に変わる可能性がある。精神文明の初期においては、ほとんどのものが一からやり直しという状況になっている可能性が高いからである。

ＬＧＢＴは、物質文明のもたらした自我表現の結果であると思う。誰しも、心の奥深くには、「男性性と女性性」を有している。その感覚が鋭くなると、男性は自分の女性性に気付き、女性は自分の男性性に気付く。それが、自我の働きによって、社会的な認知を求める行動につながっている。

しかし付言するなら、能動原理・受動原理が強く働く時代に入るので、ＬＧＢＴは、人々の意識・関心から薄れるかも知れない。

ただし、内面の思いや感覚は、誰にも止めることはできないので、多様性についても引き続き受け入れられていくことと思う。

8　夫婦・父母の役割

家庭の中での男女の役割は、個別の要素が多いので、紙幅の関係で詳述できない。一般論として触れることにする。

前述のように、能動原理・受動原理が強く表れると、男子の発想・アイディア・

意向が通りやすくなる可能性が増える。しかし、日本の場合、家父長制に戻ることはない。物質文明が衰退すると、移動の制限が否応なく訪れる。家族同士の連帯は、やむを得ず、地域に根差したものになっていくので、女性の働く場は、家庭内と近隣が主な舞台へと変化する。

先にも述べたように、男女の役割の明確化を前提に、お互いのコミュニケーションがスムーズになる。21世紀の基本原理に掲げたように、隠したことが現れる時代である。何事も、公明正大でないと人間関係がうまく運ばない。これは、男女の関係だけではない。同性同士・家族同士・近隣や地域の中でも同じである。人間同士の信頼関係に不可欠な友愛精神が醸成されて、友愛経済に発展し、親切で穏やかな友愛の交流が始まる。

9　家族が変わる

家族の意味が広がる。今までの発想では、個人単位の考え方が支配的であった。精神文明に入っている今、仕事に行くママ・子供の面倒を見るママたちが集まって、互いの時間をシェアし、やりくりして、仕事と子育ての時間を交換し合っている。子育てと仕事の両立が可能になる仕組みである。

法律で規定された家族ではなく、緩やかで、友愛・助け合いの精神にあふれているつながりである。「絆」「結」などの標語の背景にあるのは、思いやり・優しさ・親切心である。とにかく、助け合わなければ生きていけない時代になる。

人間が本能的に持っている親族親戚の概念は一定程度保たれるが、目の前の生活を優先すると、希薄化することはやむを得ない。

現在でも、従兄弟・従姉妹の希薄化が指摘されている。昭和の時代であれば、従兄弟・従姉妹というと、相当親密な感覚を覚えたものであるが、核家族化が進んだ今、その希薄化はぬぐい切れない。交通網の発達で、物理的距離が、心理的距離に影響を与えていることも一因かも知れない。

10 ベテランの生き方

生産年齢人口の定義が問題であるが、ここでは、65歳以上を老人と呼ぶことにする。

現役世代に「働き方改革」が叫ばれているが、会社組織では、生産性を上げることが至上命令なので、やむを得ない。

一方、会社組織から見れば、生産性の落ちたベテランは不要である。生産性の落ちていないベテランは、安い賃金で居残りを認められる。

悲しいかな、生産性が維持できなくなると、最終的には御払箱である。

そうなると、プライドは傷つけられる・生活資金は枯渇するという「生活が困難な局面」を迎える。

そうならないための唯一の方法は、「生涯現役」を意識の中に植え付けることである。男女とも同じ覚悟が必要である。将来を見通した計画は、早めに立てて実行することである。

現役の間に、もう一つ何をするか。智慧を求めることである。智慧とは、柔軟な発想と豊富な知識と、すべてを見渡せる広い視野である。

ここで大事なのは、知識の時代から、智慧の時代へ移行していることである。会社組織では「知識を求められる」が、会社から一歩外へ踏み出すと、「智慧」が求められる。

知識は、外側にあるものを、自分に取り込む行為から紡ぎだされる内容である。智慧は、裡にあるもので、必要なときに必要な内容が与えられる。ベテランは、多くの経験値から智慧を紡ぎだすことには優れている。

創造主は、人間に対して労働を課した。地上で生きていくためには、文明がどのように変わろうと、「働け」とお命じになった。

精神文明の原点もまた、「農業・漁業・林業・牧畜業・養蚕業」などの第一次産業が礎にならなければならない。

そこに、知識ではなく、智慧を注ぎ込むことができるのは、ベテランの経験値、あるいは、年齢性別に関係なく直観力に優れた人である。

11 精神文明の心の構造

精神文明とは、「神我」が現れる社会である。「自我」の主張は弱まる。その文明では、心が強くないと生き抜いていくことができない。

心が強いと言っても、自我が強いわけではない。神我が強く意識されるということである。

神我の強さの源泉は何か。

「私自らは無である。私の中で働き給うのは、絶対善である」との認識があることである。その認識が、他人からどのように言われても、揺るがないことが、神我の強さの源泉である。

日常の、行動（身）・言動（口）・思念（意）が、すべて神我から発している状態がベストの状態である。自我から出た身口意は、すべて見える世界に属している。自我で理解できるのは、外側に属するものだけである。

神我に気付くと、自動的に自らに必要なものと、不要なものに気付く。自我がほとんど消えているからである。己、自らは無であるという自覚がある。

自我が薄れると、「ものを所有したい」という「所有欲」が後退する。

そこに、所有から分かち合いへの意識の転換が起きる。

ここに、一つの指針を示す。「持てる者は、分け与えよ。それが天に徳を積む」ということである。

価値観の転換である。一言で言えば、「自分の財産とは、目で見ることができる・手で触れることができるものではない」という価値観である。

金銀財宝・領地土地・貨幣債券など、私利私欲の尺度で計れるものは、すべて属人的なモノである。モノが属する人が亡くなれば、すべて遺産となる。


遺産と言うくらいだから、地上に遺した財産である。遺してきたということは、どこかへ行くことになる。死んですべて終わりではないという意味である。

人の死後、肉体から抜け出た生命力は、人間として生きていたときの意識の程度によって、神の世界に昇天するか、人間として舞い戻ってくるかが決まる。

人間として舞い戻ってきた状態が、「輪廻転生」である。前世を記憶しているからといって、それは超能力ではない。輪廻転生したということは、前回、神の世界に戻り損ねたという意味である。昇天に失敗して、また人間として人生をやり直していることを、「輪廻転生」という。

人間を無事卒業できたもの＝輪廻から脱出したものは、「天国」すなわち、創造主＝神の手伝いができるようになる。

創造主は、人間に命じた使命を、人間が果たしてくれることを熱望している。それは、『地上に天国を建設し、再び天国へ戻ってきなさい！』という創造主＝神の大計画である。繰り返すが、人生、死んで終わりではない。死んでからのほうが大事なのである。天国に帰還できるか否かが問われる！

この教えは、今まで隠されてきた真実の教えである。21世紀の指針にあるように、「隠されていたことが、表に出てくること」の実例である。

世の中に隠されていた秘密の教えが現れてくる時代である。暴かれる者もあろう。白日の下に晒される者もあろう。隠しても隠し切れない時代に突入するのである。

何も時間と国費を使って弁論し合うほどのことはない。物事は、自動的に表面化するので、言い争いは必要なくなる。人が人を裁くことをしなくても、罪を犯した者は、おのずから罰せられる世の中になる。

金を奪った者は、奪われる。人権を蹂躙した者は、蹂躙される。盗んだ者は、盗まれる。すべて、物質文明が崩壊するときに顕在化する物理の法則である。それを、「作用・反作用の法則」と言う。その法則に則《のっと》っているだけである。人が人を裁くことは、大いに減る。自分によって自分が罰せられるようになる＝自己処罰である。

精神文明とは、法則が支配する世界である。
法則を守れる者たちが形成する社会である。
法則を守れるということは、ウソ偽りの心がないことである。
真人間が、ウソ偽りの心を持てるはずがない。

ギリシャの哲学者ディオゲネスが、昼間、提灯に火をともして街を歩いた。人々は何を探しているのかと尋ねた。ディオゲネスが答えるに、「真人間を探しているのだ！」と。

ここまで、精神文明の内面的な仕組みについて申し上げてきた。次章では、新しい経済の基本と日常生活について、お示ししていくことにする。

第4章　経済システムと日常生活の変化

～意識の変化が生活様式を変える～

――所有から分かち合いへ――

――持てる者は、分け与えよ、それが徳を積む――

1　新しい文明の経済＝「友愛経済」について

精神文明の展開の根底にあるのは、その時代に生きる人々の意識の変化であることをお示ししてきた。「共存・共生の心」が全面に出ることである。連帯感を示す「絆」「結」などは、すでに登場している。大きな災害が起きると、「私たちは、あなたたちと共に在る」という表現を諸外国でも聞く。

友愛とは、単なる連帯ではなく、更に深層に「親切心」が必要なものである。表現を変えれば、「与えきりの心」「布施の心」「ギブ・アンド・ギブ」である。

もう一つは、人に対する「信用」である。

友愛経済は物々交換が基本である。物と物を交換するとき、必ず価値基準の違いから過不足が出る。そのときに、経済的に不利なほうの者から与えることをすれば、問題は起きない。あるいは、過不足の清算を後日にすることができる「信用」があれば、同じく問題は起きない。信用とは、他人との一体化である。

物質文明の観点で見れば、損得が判断基準にあるため、取引が不調になる問題がある。友愛経済は、困っている人に与えきりの布施をするので、取引という観念がない。

人々の価値観が、「損得計算」から「助け合い＝一体化」に切り替えられていなければならない。現在、物質文明の中にいる我々人間は、実感を伴って理解することは難しいと思う。

とりあえず、理念だけ知っておいても「損」はない。

2 食事が米食中心に変わる

地球規模の災難があると、心配されることがいくつかある。食糧問題・エネルギー問題・社会インフラの維持問題などである。航空機のような高度にシステムが集積した交通手段は、すぐに使用できなくなる。光海底ケーブルも、海底を震源とする大規模地震の場合は、寸断されることもある。すると、通信手段も極めて限定的になる。アナログやローテクが復活する。

まず目前の問題として、食糧危機の克服が大きなテーマである。社会インフラが壊れることを思えば、食糧は「地産地消」にならざるを得ない。

日本の現状を、食糧安全保障の観点で見れば、お寒い状態である。一部には、コメの自給率が、2018年現在、ほぼ100%だから大丈夫だと言って、宣伝する人もいる。

しかし、小麦・大麦・トウモロコシなど食用穀物全体で見れば、自給率は、2

018年で60％である（農水省平成30年食糧自給率統計より。以下同）。牧畜の飼料も、自給率は25％である。黒毛和牛と崇め奉っても、飼料が輸入できなくなれば、ほとんどの人は、口にすることも見ることもできなくなることを、想定しておかなければならない。

諸外国の食用穀物の自給率は、2013年で比較すると、以下の通りである。米国170％、カナダ425％、ドイツ132％、フランス176％、イタリア73％、英国79％、オーストラリア326％と、一部を除いて、主食の穀物だけは100％を超えてしっかり確保している。日本は、農産物の自由化を言う前に、食糧安全保障の戦略をしっかり立てる必要がある。

平常時は、輸入できるものでも、非常時には、「もうありません！」と言われて、現物を売ってくれなくなれば、日本国民は飢える民に成り下がる。

そのとき、食糧を求めるあまり、どこかの属国に成り下がるのか私たち国民は、選出する国会議員を誰にするのか、今、賢明な判断が求められている。

これから大事なのは、エネルギー効率の良い「稲作」である。その意味で、若い働き手を、農業へと振り向ける必要が出てくる。現在、水田の維持が、高齢化によって困難な事態に陥っていることが、ニュースになっている。後段に述べる西欧流のビジネスモデルが凋落することを考えれば、日本の政策は、若い世代を農業分野へ再配置する必要がある。食糧生産が必須であるから、農業・漁業・林業・酪農業に重点を置いた「重農主義」が基本政策になる。

物質文明末期に見られたような豪華な食事は、影をひそめるであろう。だからといって粗末な食事に甘んずる必要もない。質素な食事を楽しくする智慧があればよい。彩り・形・旬などの組み合わせで、食卓を大いに盛り上げることはできるのである。

精神文明は、智慧の湧き出る文明である。

3　西洋のビジネスモデルが凋落する

地球規模の災難は、今までのビジネスモデルを機能不全に陥れる。大規模な物流が機能不全になる身近なビジネスは、チェーン店ビジネス・フランチャイズビジネス・セントラルキッチンビジネスなどが挙げられる。

コンビニがなくなる。大手資本のもとで展開していた全国規模のレストランチェーンがなくなる。チェーン展開している洗濯・飲食・各種サービスなど、軒並み店を閉めるようになる。

なぜか！

資本主義の根幹であるお金の価値がなくなるからである。大きな資本力に物を言わせてきたビジネスが成り立たない。信じられないかも知れないが、今まで商社を通じて輸入できていたものさえ、それらを買うためのお金の価値がなくなるのである。

ということは、輸入できていた食材が、手に入らなくなる。金融崩壊と社会インフラの崩壊で、物流が広範囲に止まる。

更に、投資収益ビジネスは、金融システムの破綻と大きな企業の崩壊で、早晩消える運命にある。

どうなるかと言えば、農耕・漁労を主体とした第一次産業が中心になる。額に汗して労働をしないと食べていけない社会である。「働かざる者、食うべからず」という厳しい現実が待っている。

街の店は、小さな資本で開店できる個人商店が残る。地域ごとに生き残る店が、人々を救うのである。商店街・市《いち》・市場が復活する可能性すら胚胎している。顔と顔でわかり合える街づくりが可能になる。分かち合いの精神・助け合いの精神が、ご近所づきあいを広めていく。

そのとき必要なのが、心が強い人である。「私は大丈夫。私はできる。私は生きる」と決心し、行動できた人が、人々に希望を与えていく。

決心して、希望を胸にした者は、前を向いて行動することができる。

上（政府）は、強い心をくれませんよ！

あなた自身が、決心して強い心を育むのです。

理屈抜きに働くのです。そして、前進するのです。


今回のコロナ騒動の先にある社会は、暗い社会ではない。

生きる力がある人が、時代を引っ張る力になる。それを真似して、頑張る人が続いてくる。

希望は光。欲望は闇。欲望は人から奪うこと。希望は智慧を出して前を向き、歩くことである。このことは、最終章でもまとめてご紹介する。

4　利便性至上主義は影をひそめる

食事は日々、必要なものを、必要なだけ作り、保存がきかないものは誰かに差し上げるだけである。コンビニという社会インフラが崩壊すると、生活は一変する。

銀行も、今でも送金手数料を取るように、お金を預けると手数料を取るようになる。また、日銀が金融政策と称して、市中行と設定しているマイナス金利は、まさに手数料そのものではないだろうか?

車もそれほど走れなくなる。２０２０年4月20日のニューヨーク原油市場は、市場初のマイナス価格に陥った。石油製品の安定的な供給が保証されるか、定かではない。道路のインフラも、どの程度残るかで、交通量の規模は決まる。遠隔地同士の交流は規模が縮まる可能性も、考えなくてはならない。

労働者を派遣するというビジネスもある。これは、企業が利便性を活用している実例である。だが、このトレンドも今後は長続きしない。派遣先が縮小するからである。少しわき道にそれるが、大事なことなので、派遣労働についても申し上げる。

データを引用させていただく。

『全国で156万人以上とされる派遣労働者は、雇用全体のうち1か月以下の派遣契約が実に42％に当たり、更に1日以下（日雇い労働）となると全体の4分の1の25・4％にものぼる。』（ネット記事：「マネーボイス」（2020年4月8日）、今市太郎氏の記事より）

今まで、雇用を創出していた派遣先が、規模を縮小するようになると、派遣労働に従事していた前述の人々の働き口がなくなってしまう。

新しい時代には、すべての人とは申し上げないが、従属して働く雇用形態は、極めて少なくなる。人々が自立へと向かうからである。

派遣労働をしている若い人は、第一次産業に立ち戻ることで、生きる道を見出せるように思う。日本は、縄文のエネルギーを胚胎している国である。土に還れば、そこに見出すのは生命力である。

40代半ばから50代半ばまで、南米ボリビアでの私の農場体験はそのことを彷彿とさせてくれる。広大な大豆畑が新芽を出し、やがて実りの季節を迎えてコンバインに刈り取られていく様子は、間近で見ていると、土地の生産力を見せつけられる思いである。太陽の恵みと大地の水と、大豆の生命力に感謝しかない。まさに大地に支えられている実感は、感動的ですらある。

大豆は精油工場に送られて、大豆油となり、農夫の家計を潤す。時間はかかるが、種まきから収穫まで半年である。大地から得られるエネルギーは、人間性を回復させる。日本から移民した子孫たちは、底抜けに明るい。それが、都市に生きる人間には見られない人間性の証であると、今でも思っている。

「若人よ、大地に還れ」と言いたい。農業は、人間を心から豊かにし、人々の連帯を生み出す。心が農業を育て、農業が人間性を育むのである。

そうなると、日々の生活の中から生き抜く希望を求めるようになる。強い心・自立した心・思いやりのある心・親切な心が、人々を勇気づけていくことになる。

物質文明の支えであった「利便性」の観念は消える。大地の力が生命力を教え、そこから得られる無形の力が人々を癒やすのである。

5　美と健康は永遠のテーマ

「衣食足りて礼節を知る」通り、衣食のめどがつくと、受動原理が働く。女性は本能的に、「私、きれい？」と思っている。精神文明と言えども、美しくありたいという女性の願いは、万国共通である。

そういう女性たちの本能を理解し、温かい目で見守る男性が信頼される。

ただし、今までは化学薬品万能の化粧品が出回っていたが、大資本が作っていた化粧品が消えたら、地域にあるその土地の風土に合った美容液などの化粧品しか残らない。最初は自家消費のつもりで作っていた商品が、地域の評判を呼ぶことになるはずである。

それらの商品は、オーガニックにならざるを得ない。防腐剤・発色剤・安定剤などの化学系添加物が手に入らないからである。

6 自然科学の中に生きる智慧

大きな資本が減るということは、大病院も減る。製薬会社も大きい会社はなくなり、地方の会社が残る。町の開業医が頼りになる。更に、東洋医学も復権を果たすと予想される。鍼灸・漢方・柔道整復術などが、人々を救うことになる。健康保険は制度として残ってほしいが、保証の限りではない。どうするか?「自分の身は自分で守る」しか方法はない。

そこで見直されるのが、病気にならない方法である。養生訓ではないが、「健康で快適に暮らす智慧」が求められる。それは、大自然にヒントがある。自然に逆らわない生き方である。

7 自然との共生

自然との共生関係を築けた集団は、自然の恵みに感謝する。そこに新たな精神性が生まれる。それは、自分の中に息づく生命も、植物・動物も皆同じ生命で、生かされているという認識である。

外なる神を拝んで、物質文明を崩壊させた反省は、やがて、裡なる生命力について熟考する。

植物はなぜ育って大きくなるのか。動物でさえ、きちんと子育てをする。自分の子孫を殺すことはない。生きることに大変さを感ずると、労働力としての子孫の存在に気付く。その意味で、人口の減少は、一定の水準で一度落ち着く。そこで、世の中が安定してくると、横ばい傾向から自然増へと向かうと思われる。

人心が安定してくると、天災地変の数も減少する。自然そのものは、創造主＝神の造形である。その自然との共生をテーマに生活するならば、創造主＝神の意向に沿った生き方になる。そこには、破壊的な「作用・反作用の法則」は働かない。

「水の恵みに感謝すれば、水に恵まれる」「人に親切にすれば、親切にされる」。このような、善なる「作用・反作用の法則」が働くように変化する。

基本的に「足ることを知る」ことで、自然界に負荷をかけない生活様式が、人類に広がっていくことを願う。

8　特許・商標について

狩猟民族が、罠の工夫をすると、その仕掛けが優秀であればあるほど、自分の仕掛けに価値を置く。真似をされないように特許を出す。そのため、特許も、競争原理で出願していたのが、今までの発想である。

新しい時代では、自分も特許が使える状態にするために特許申請をするのである。特許を取得した技術を独り占めにしないで、工夫して更に良いものへと育てるためである。

物質文明の意識では、到底考えつかない発想である。

特許権は、人間が設定したものである。権利の「権」という文字は、「かりそめ」という意味である。ゆえに、特許権は、かりそめの権利である。執着しないことで、円満に収まる。

農耕民族は、大自然を相手に農夫一人の努力が限定的であることを知っている。従って、大勢で協力しなければ大規模な治山治水の工事は不可能であった。そこで考え出され、生み出された技術やノウハウは、共同体に帰属する。

その意味で、特許という概念は希薄になっていく。もっとも、物質文明崩壊と共に特許制度が残っていればの話であるが。

第5章　平和に暮らすヒント
～個人意識の希薄化と親切心～

平和に暮らすには、苦しみを味わう必要はない。心安らかに暮らすのに、苦しみは不要である。

生きる苦しみ・老いる苦しみ・病む苦しみ・死ぬ苦しみ、これらは、釈迦の説いた、いわゆる「四苦」である。何故に四苦があるかと言えば、「外を見るから」である。

平和に暮らすには、裡なる自分を観ればよい。そうすれば、「四苦」は、すべて消え去る。

以下に、四苦の克服を中心にご説明するので、精神文明へのガイドとしてご理解いただけたら幸いである。

1　生きる苦しみの克服

あなたが今、「生きるのは苦しい」と言うのは、なぜか？　ほかの人の暮らしぶりと、比較していないだろうか。あなたの生活環境が不満ならば、どうしたら満足するのか？

高級ブランドのあれも欲しい・これも欲しい、素敵な彼・彼女が欲しい、幸せな家庭を持ちたい、タワマンに住みたい、などなど際限がない。

この世にある「見えるもの」は、すべて消えるモノである。いずれは消える物、を強く欲しがるから、「物欲」が強いと言われる。彼氏も彼女もご主人も奥様もお舅さんもお姑さんも、すべて仮相。人間という肉体・姿形はあるが、すべて仮の姿である。仮の姿の人間関係で悩む必要はない。今後の生き方として、「いずれは消える人同士、仲良くする智慧を働かせることで問題は解決できる」と思えばよい。

争いばかりの人生では、再び人間を体験して、四苦を味わうことになる。もう、人生を卒業してはどうか。あなたの生命エネルギーが還るのは、天上界である。自我で考えれば、五感の世界以外考えられない。それを超えた世界＝天上界が、もともとあなたの出てきたところである。

仮の姿の人間同士で家族が出来、社会が出来、国が出来上がる。仮の姿の総和で「物質文明」という文明が出来ていたのである。

では、仮の姿の逆、真実の姿とは何であろうか？

真実の姿は、生命である。生命力・生命エネルギーである。力やエネルギーは見えない。ボディービルダーが、筋肉をつけて、力こぶを見せてくれる。筋肉には触れることができるが、力そのものは見ることができない。

真実を見るというのは、「見えないものを観よ」ということになる。見えないものを観るには、軽く目をつぶることで可能になる。白光をイメージして「明想」

する静かな時間だけが必要である。

わかりやすく言えば、見ることのできないものは、「感じるしかない」のである。人間の日常の仕事はすべて完璧になるように、必死でこの世の仕事をやり遂げるのである。その上で、創造主に祈る。そして、超越的な何かが実現し、成功に漕ぎつけたら、創造主＝神はいることになる。人間の自我で成功することはあり得ない。

こうなればいいなと希望していると、いつの間にか実現するのが、自然である。

「希望」であって、「欲望」ではない。希望は光、欲望はヤミである。希望と欲望の識別をしっかり理解していただきたい。

このような理解を重ねてきた結果、私は神を感じることができたのである。特別な修行や訓練を受けたわけではない。

それゆえ、「神は肉眼では見えないが、実在する」ということが、実感を伴って理解できた。この理解できたことを基礎に、こうして初めて、皆さんに、「生きる苦しみの克服」ということを説明できるようになった。

明想のやり方・心構えなどの詳細は、拙著『サイエンス・スピリチュアルの教科書』をご参照されたい。

2　老いる苦しみの克服

誕生日は、「お誕生日おめでとう」と言って、乾杯したり、ケーキを食べたり、プレゼントをして、洋の東西を問わず楽しむ日である。日本では、還暦と言って60歳になると赤い烏帽子《えぼし》とチャンチャンコを身に着けてお祝いする習慣がある。

でも、それは、肉体の誕生日祝いである。生命の誕生を祝うことは未だかつてあったためしはない。肉体の誕生日祝いは、嬉しい反面、あと何年生きるのか、などと感慨にふけるきっかけを作るようなものである。すると、老いる苦しみが始まる。

老人ホームの心配をしたり、お墓の心配をしたり、財産のある人は相続の心配をしたりする。

しかし、生命の誕生日に気付いた者は、老いる苦しみにさいなまれることはない。

第3章で、生命のことを「神我」と呼ぶということを学んだ。実は、人生の一番の課題＝テーマは、自らに内在する「神我」に気付くことである。それに気付く一番良い方法は、前項にも挙げた「明想」である。

神我に気付くということは、創造主＝神に気付くことである。神我とは、「私は神だという意識」である。それは、創造主＝神との一体感を体験することで気付くことができる。

肉体を持っている間の人生で、神との一体感を体験した者は、死してのち、天国へ帰還できる。「私は神だ」と意識できたので、神の館に帰還する。

神との一体感を得られなかった者は、再度人間の体験をしなければならない。人間意識のまま、死んでしまったからである。これが「輪廻転生」である。輪廻を卒業するには、「神我」に気付かなければならない。肉体の誕生日に現《うつつ》を抜かすのではなく、生命の誕生日＝「神我の誕生日」を把握し、神我の誕生日祝いをしなければならない。

これは、一生に1度しかない誕生日である。「神我」のことを古代ヘブル語で「クリスト」と言っていた。現在の英語で言う「キリスト」に相当する。それで「神我」に気付いた者には、「キリスト」をつけるのである。

2000年余り前、ナザレの村に生まれた幼きイエスは、ナザレのイエスと呼ばれていた。やがて長ずるに及び、「神我」に気付いたので、「イエス・キリスト」と呼ばれるようになった。

神我に気付くことは、創造主＝神に気付くこと、生命に気付くことなので、「永遠の命を得た者」と呼ばれる。これが、老いる苦しみを克服する秘訣である。仏教的な表現を借りれば「悟りを開いた者」と言う。

「悟り」は、宗門の行者が成す特権的なものではなく、一般人でも可能なのである。

そうでなければ、創造主＝神が、「人間を平等に創った」真意に反することになる。

どうすると、悟りに近づくのか？

ただひたすら、「私は、創造主＝神と一体だ」と思い続けることである。すると、自我が薄れていき、神我の状態が顕在化してくる。人間という意識が薄れて創造主の視点を得るようになる。肉体も元気になり、若々しく見えるように変化していく。

そのコツについても、拙著に詳述してあるので、ご関心のある方はご一読いただけたら幸いである。

読者の皆さんも、老いを克服し、永遠の若さを享受できる者になったらと、希望する。

3　病気の克服

病気の言霊は「病＝やまい＝ヤミ」である。ヤミに属するものである。病人が家にいるだけで、家庭は暗くなる。病気とは、ヤミ思念の結果だからである。

ただ、ここで申し上げることは、病気を治すことではない。病気にかからないようにすることを主眼に申し上げるので、誤解のないように。

では、病気にかからないようにするにはどうするのか？

答えは二つある。

一つ目は、「物質的な生活から脱出する意識改革」である。

二つ目は、「常に明るい気持ちで過ごすこと」である。

一つ目から見ていこう。物質は、闇に属するものである。なぜなら、物質は質料である。例えば人体は、水質料（水という質料）から肉体という形が出来る。

形は出来るが、そのままでは生きていない。生命力というエネルギーが宿って初めて人間として生きる者となる。生命力が不幸にして宿らなかった場合は、「水子」と呼ばれる。

これは陰陽の法則と言って、形が存在できる二大要素の法則である。すなわち肉体は質料で「陰陽の陰」に属する。生命力はエネルギーで「陰陽の陽」に属する。従って、物質や肉体に意識を置き過ぎると、陰＝ヤミ思念が勝り、物欲が激しくなり、陰《カゲ》の要素を受けて、暗い気持ちから病気にかかりやすくなる。

「病は気から」と言うように、ヤミ思念・暗い気持ちでは、病気になりやすい。反対に「陰陽の陽」、生命力に意識を持っていくとどうなるか。当然生命力を意識するので活力が増す。元気になる・明るくなる・活気があふれるようになる。これが、「光明思念」のもたらす結果である。当然、病にはかかりにくくなる。

二つ目に挙げた「常に明るい気持ちで過ごすこと」とは、光明思念で過ごすことである。光明思念こそが、精神文明の病気予防の原点である。

4　死の克服

死とは何か。「死とは、一つの通過点に過ぎない」。この認識を得るには、「神我」の把握が不可欠である。「自分は神である」という確信がなければ、「神我」を把握したことにはならない。平たく言えば、「神の視点に立って森羅万象を見ることができること」が、神我を把握したことになる。

今まで、皆さんは、「人間ですよ」と言われて育てられてきた。筆者も同じである。しかし、大師と出会って、ガラリと変わった。大師からは、「あなたの中で活動しているのは生命力である。あなたの肉体が、加齢と共に衰えて、役に立たなくなったとき、その生命力は、あなたの肉体から抜ける。これが、肉的死である」と繰り返し教えられた。

その結果、肉体は、生命が着けている衣装のようなものだと感じられた。やがて、人間の本質は「生命である」との確信が芽生えたとき、大師は言った。『やっとわかったか！』と。それ以来、「死に対する認識が変わった」のである。

その認識を得たのち、父母を野辺送りすることとなったが、泣いて悲しむことはなかった。粛々と葬儀の手順を打ち合わせ、宗教者の手を借りることもなく、無事納骨まで済ませることができた。

宗教が人を成仏させること、悟りに導くことはない。生きているうちに、人生を送っているうちに、「自分は神である」という認識に立ってこそ成仏できる。成仏とは、輪廻転生しないことである。成仏すると、天上界へ戻って、創造主＝神の手伝いをするようになるのである。

人生のゴールとは、「生きているうちに、神との一体感を得ること」である。人生のゴールにゴールインした者は、死の恐怖に怯えることはない。

しかし、自分は人間だと墨守している者は、死の恐怖に怯え、輪廻を繰り返すばかりである。

創造主＝神は、人間に対して次のように使命を課しているのである。『地上に天国を築いてから、天上界に戻ってこい』と。イエス・キリストは言われた。『再び生まれてはならない！』と。この意味は、輪廻転生してはならないという意味である。

このような明快な内容を、延々と説いているのが、仏教の御経である。キリスト教の聖書である。

あなたを死の恐怖から解放することができるのは、「あなた自身」である。そのためには、自分の内面を見つめる時間を取り、「明想」によって「自分は神である」という実感を持つまで自己鍛錬すればよい。

特別な道場に入ったり、厳しい修行をする必要はない。日々の生活を続けながら、この認識を得ることが可能なのである。

なぜなら、自分に対して、「自分は神だ」と教えるだけだからである。

宗門や教会堂で説くような、大上段に振りかぶった説法は必要ない。自分自身の意識しているものを、自分が確認するだけでよい。「私の本質は生命である」と。この生命意識を、日々の生活の中で思い続け、顕現していくこと、実践していくことが、神との一体感を得るコツだからである。

5 金欠病の克服

ここで、もう少しわかりやすく、「お金」について、精神文明の観点からお伝えすることとしよう。

お金についての大師の教えは、簡単である。

『お金はあるから喜ぶものではなく、ないからといって嘆くものでもない』と言う。

お金は、あなたの器に従って入ってくるようになっている。器が大きければ、その分収入となる。あるときは大きく収入を伸ばしたが、それを一時に失う人もいる。そういう人は、お金について深く考える時間を与えられている人である。

いろいろお金にまつわる出来事があるが、多くの人が体験する「金欠病」という病気の治療のヒントについて、お知らせする。

金欠病の原因は、1「お金の使い過ぎ」、2「働かない」、3「カルマの償い」などが挙げられる。

1の「お金の使い過ぎ」は、お節介や見栄っ張りや自己顕示欲の強さに起因する。自我が強すぎるのである。

2の「働かない」は、言語道断である。働いた者は、必ず報酬を得る。それがままならないのは、正しい労働をしていないからである（サボり・遅刻・欠勤）。

3の原因は、輪廻転生して、前世で犯した罪を今生で罪償いしているということがある。

例えば、動機不純で起業した会社、ブラック企業、経営者が不正直な会社（粉飾決算・不正会計処理・脱税など）に勤務するなどである。そういう会社で辛い目に遭う理由は、過去に自分が犯した罪を今生で自分が体験して、罪償いする必要がある場合に起きる。その結果が、「金欠病」である。

いずれにせよ、お金がないときは、借りまくるのではなく、まず働くこと。次に、今あるお金を工夫して、生き延びる智慧を働かせることである。

金欠病を治療するためには、自分の裡を観ることで、自分を客観的に把握する。それが理解できたら、自分はどのようにして稼ぐのが良いのかを判断することである。

1「独立起業」に向いているのか、2「勤め人」が向いているのか、多分、二つに一つだと言える。時期が来れば、独立起業できることもある。未経験のことには、まず自分が自分自身を把握する。その上で、第三者の意見を聞いてみることという手順も大事である。

教訓：「働かざる者、食うべからず」

ただ、精神文明が全盛期に入ると、お金自体に価値がなくなっているかも知れない。

6　不安・恐怖からの解放

初めてのこと、馴染みのないものには、誰もが不安を覚える。また、大自然が牙をむいた状況に置かれると、恐怖を感じる。これらの不安や恐怖は、その対象が理解できていないことで起きる。特に情報過多のインターネット社会で生きるビジネスマンは、知らないことや、馴染みのない言葉が目に触れるたびに、調べる時間が増える。それは、人に遅れまいとする努力家たちを、そこはかとない不安やストレスに陥れる。

しかし、自分の内面に軸が確立している人は、不安や恐怖がない。物質文明が胚胎している閉塞感にも、先の見通しが立っている者は、心が騒ぐことはない。必要なものは、必要なときに与えられると、達観できる。自分に予知能力がなければ、予知能力がある人を訪ねればよい。行動すれば、結果はついてくる。行動しない者は、不安なままである。

あなたが不安や恐怖にさいなまれるのは、考えるからである。考えないで、先に行動をすると、問題は解決することが多い。

考えないで行動すると、失敗するのではないかと言う人がいる。それは、臆病な人である。思い通りの結果が得られなければ、同じことをしなければよい。同じことをして、うまくいかないときを、失敗と言うのである。

心が波立たないことは、良いことである。心が揺れ動くと、行動にまとまりがなくなり、言動が不安定になる。心の揺れ動く原因は、恐怖か情報不足かのどちらかである。自然界に恐怖を抱くなら、自然界の状況を調べればよい。情報不足なら、情報を取りに行くことである。

水処理に使う微生物の学理的情報を知りたくて、東京から関西まで日帰りの強行軍ではあったが、ある大学の教授を訪ねていったこともある。求めに応じてくれた先生は、親切に特許以外のすべての情報を渡してくれた。未だに感謝している。

行動しなければ、何も得るものはなかった。

男女関係でも同じである。話もしないで、お互いにもじもじしているだけでは、不安やもやもやは解消されない。細かい話は専門家に譲るが、基本だけはご紹介しておく。

男女共に働く時代、ご参考になれば幸いである。

『ポジティブに生きる男性に、女性は同意する』

『賢明な女性は、自分のポジティブさを隠しておいて男性を導く』

人間に内在する男性性・女性性の強弱で、人それぞれの性格が決まる。それは、場面によっても変化する。男勝りの性格の女性がいても、女性らしい性格の男性がいても、よいではないか。それが、多様性の理解への一歩である。

見えている姿・形に囚われるから、本質が見えないのである。

7　すべては「自立すること」で解決できる

あれこれ迷うのは、自分の軸がぶれるからである。軸は、自分の信条や生き方・好き嫌い・本能など、様々な要因がある。ぶれる原因は、これらの要因のどれを使っているのか、本人が自覚していないことである。

結論を先に言ってしまおう。「自分自身が自立すること」である。

自立した人間の内面は、簡単ですっきりしている。

例示すれば、おおかた、次のようにまとめられる。

『自分の本質は、生命力・生命エネルギーである』
『肉体は、生命力がつけている衣装のようなものである』
『私自らは無である。活動し、仕事をするのは、生命力である』
『死は、一つの通過点に過ぎない』

このような認識に立てるなら、皆さんの直面する課題は、たやすく解決できる。自我で「私がやるのだ！」と息巻いても、空振りする。人の力を借り、人の智慧を借りてこそ、ワンチームが出来上がる。大きな仕事が達成できる。そして、多くの人から歓迎される。

ここで申し上げていない「生命観」や「自分とは何か」といった詳細は、紙幅の関係で割愛させていただいた。更に詳しく知りたい方は、拙著をご参照されたい。

第6章　日本国の黙示録
～既存の統治機構の崩壊と新しい総意形成の仕組み～

1　精神文明の統治

日本国の基本理念は、共生を軸とした「自由・平等・友愛」の三本柱になる。助け合わなければ、生きていられない状況に陥るからである。また、世界のほとんども、日本を手本にするので、同じような基本理念になる。

資本主義が過去のものとなる。かのP・F・ドラッカーが、1993年に著した『ポスト資本主義社会』にも、現状とは異なるが、資本主義後の記述がある。知識が中心となる社会であるとの主張である。物質思考が華やかなりし頃の著述としては、かなりの慧眼である。

現在は、「知識」ではなく、「智慧」が必要な時代であることを、強調しておきたい。

精神文明とは、人々が働く喜びと生きる喜びを高次に実現する文明である。「協働することが働きの原点であり、協働そのものが、生きがいである」という「親切の意識」が、精神文明を支える基本である。唯物史観にある「労働の賛美」とはまったく見解を異にする。資本主義の労働搾取とも異なる。

善良な人々が集まる社会では、「親切な心」「相互の敬愛」を基本に、支え合う心が必要である。その意味で、「ギブ・アンド・テイクの協働」とは異なる「ギブ・アンド・ギブの協働」である。

見えるものである「衣食住」や、見えないものである「生命（力）」に関する「感謝」も重要である。

つまるところ、「自由・平等・友愛」の基本理念について、一人ひとりがわきまえておく行動指針は「親切・敬愛・感謝」である。これらが一体化したものが精神文明を支える思想的な面である。

人間社会は、基本的に組織がなければ統制が取れない。人は無意識に生きているが、国家という組織に組み込まれている。

更に、それぞれの国家に生まれ落ちてきた人々は、地縁血縁・門地門閥・学歴の有無など、一切関係なく平等である。法の下の平等ではなく、絶対的な平等である。創造主＝神の許に平等なのである。これは、国家が保障しなければならない基本的人権・生存権である。

平等の人権を与えられたら、同時に義務も負う。なぜなら、権利と義務は一体だからである。

国家で生きていくには、国税を納める（租・庸・調・雑役が思い出される）。その代わり、国土に住むことが保証される。住む場所は自由である。仕事の選択も自由である。

安全に生きるには、防衛も担わなくてはならない。万葉集にもある「防人」である。最低限の仕組み（骨組み）がなければ、国家は形を成さない。

更に、国家の下に、自治体に準ずる下部組織が、各地をひとまとまりの行政単位として治める。警察や消防などの組織も、社会の安全を保障する制度として必要である。

全体として、統治機構は、必要最低限の簡素な体制でよい。人々の善意を基に出来上がる組織だからである。それ故、体系化された知識だけではなく、知識を上回る「智慧」が必要である。

2　精神文明の産業

精神文明の主力産業は第一次産業である。農業・漁業・林業などである。食糧生産は、国民が日々生き延びるために不可欠である。それに伴う農業インフラの整備は最優先に行われる。有機農法には、堆肥の製造システムが不可欠である。水田の除草剤の代わりになるアヒルや合鴨農法のノウハウも必要になる。

漁業も同じである。保存食・加工食品を作る作業場も必要になる。漁船の水揚げをする桟橋、製氷機などのインフラや周辺機器も整備される。

林業は、治山治水を根本から支える産業である。山がしっかりと管理され、保水性の高い山々が、大きな自然災害を防ぐことは知悉《ちしつ》しておく必要がある。山が整備されて森が豊かになれば、海産物までも豊かに捕れるようになる。

大自然は、すべて一体としてつながっている。物質文明によって寸断・破壊された大自然の機能回復が、遺された人間の仕事である。すなわち、第一次産業を大きく復活させる活動が一番重要で大切な仕事になる。

3　格差社会に戻らない

助け合いを経験した者は、差別をしない。差別感・分離感があると、絆・相互援助・布施など、できるものではないからである。

助ける側にいることが、与え続ける秘訣である。能動的な発想が必要である。常に援助の準備をし、どのようにしたら人々を助けることができるのか、というシミュレーションが不可欠である。日頃から、支援・援助の準備と体制を考えておく必要がある。

助けられる側は、どうして助けられる側になってしまったのか、原因を追究しなければならない。そうでなければ、繰り返し助けられる側に回ってしまう。助けられるということは、与えることがない。受動的な生き方である。助ける側は、常に与える準備をしているのである。

「与えよ、さらば、与えられん」という法則が実現する社会である。

そこには、富の平準化が起きて、格差が生まれようがない。お互いが創造主＝神の許に平等であることを認識しているからである。

4 未来を託す子供たちへの応援

自力・利他が教育の基本になる。自分で考え、自分で生み出す力がなければ、創造的な活動はできない。親たちは、自分の子供たちが新しい時代の担い手であることを自覚し、創造性を育む言葉を常にかけ続けることである。

「どうしてそういうふうに考えたの？」「どうしたら仲良しになれるのかな？」な

ど、自分で答える力を向上させる言葉が、子供たちの成長には必要である。

もう一つ重要なカギが、母親、もしくは家を守る人の存在である。子供たちが帰宅したとき、「お帰りなさい」という温かい言葉が返ってくるだけで、子供たちは安心する。帰巣本能が活発になる。すると、出かけて行っても、帰ってくる習慣が養われる。ゆえに、母親、もしくは家を守る人の存在は欠かせない。これが、一番の教育環境である。

帰るところがあるという帰巣本能を育むには、家庭という社会的基盤がしっかりしている必要がある。

5 「日出ずる国・日本」が世界の手本

これまで述べてきたように、従来の唯物史観・資本主義体制とは、文明の質や思考の軸が変わるのである。この二つの考え方は、見えるものしか信じないという強烈な信仰に根差している。

見えるもの＝物質を価値基準に置いていたために、物質文明を物質自身が潰したのである。


物質文明が衰退するなら、新しい軸が必要である。それが、見えないもの＝心・生命を価値基準に置いて、新しい時代を創造していくということである。

それが体現できるのは、日本の人心・風土である。


日本の精神性の流れを概観すると以下のようである。

縄文の精神は、すべてを受け容れてきた。狩猟時代から組織的稲作へ。平安時代に優れた文芸作品が、次々と著された。

元寇という外圧から武士が台頭し、戦乱の世の中を経て、また鎖国という平安な時代が訪れた。文化的にも成熟してきたところへ、黒船騒ぎが起きた。

文明開化から、一気に物質文明に転換し、覇権争いに巻き込まれ、大きな戦争を体験した。

戦後、日本人の生真面目さと勤勉さが、世界有数の品質を生み出して称賛されたが、やがて没落した。半導体分野や自動車産業は、表側の華やかさとは裏腹に、勢いを失いつつある。食糧自給率もままならない今、私たち日本人は、足元から揺さぶられている。これからの世界の手本であるために、日本が受けている苦しみでもある。

だがこれは、日本が早くに物質文明から精神文明へ転換する予兆である。

精神文明の手本を示すことができるのは、日本をおいてほかにない。

6 黙示録

21世紀半ばまでには、交通インフラの景色が一変する。道路は花畑に変わり、その上を通る車には、タイヤがない。飛行機には翼がない。電車は音を立てずにチューブの中を走る。

食糧生産も多様化を示している。田畑での作業は、作物の播種から収穫まで、従来の半分の時間で済む。高層ビルは、消費地に近いので、作物を供給する一大生産地になる。

多くの科学技術が、新しい理念のもとに再編成される。利益・効率一辺倒であった科学や技術は、人間に寄り添う観点で完全性を要求されて再構成される。副作用や汚染物質の派生は許されない。そのような研究・開発は認められない。地球の資源は有限であり、地球環境に寄り添う精神である。

見えない質料から、見えるものを生み出す意識革命と産業革命を経験する。

格差も消えている。助け合いを経験した者は、分かち合うことのできる人々である。

20年前、私のいたオフィスで、15時の休憩時間になった。そこにいる7人で、7個のアンパンを頂くことになった。食べ始める直前に、一人が帰ってきた。みんなが一瞬凍りついた。その中の一人が、自分のアンパンを半分にして、帰ってきた者に分けてあげた。次の一人も、同じようなことをした。みんなに笑顔の輪が広がった。その中の一人が筆者である。

21世紀前半には、このような光景は当たり前となる。智慧とは、一瞬の時間で働く生命エネルギーである。何をしなければならないか、どうすれば問題が穏やかに解決するかを、行動を伴って一瞬で示すのが、智慧という生命エネルギーである。

ハートと頭と肉体は、一体化しているうちに使うことである。昔の地口《じぐち》に「生きているうちに頭は使え！」というのがある。まさにこの言葉こそが、智慧の活用を促している。

頭という自我と、ハートという神我が一体となって働く時代になる。人々の言葉遣いは優しくなり、いたわり・親切・親愛で満たされる。そういう助け合い・共生の集団的な意識形成が、多くの困難な体験を経て醸成される。

宝瓶宮の時代・アクエリアスの時代とは、そういう時代である。

生きる望みを捨ててはならない。持てる者は、真実の親切心から分け与え、持たざる者はありがたく真実の感謝を持って受け取る、そういう光景が見えてならない。

地上に天国を築ける人たちが、集団を形成していく。そういう新時代の社会の姿を示すこと、それが日本の本来の役割である。

日本は、現在の国際的な枠組みから見れば、一瞬後退したように見えるが、実際は時代の最先端を示す魁の国となる。

資本主義の次の時代を示すには、資本主義に固執してはならないからである。

【黙示録】

『……人々は地上に在って、敵味方の区別なく戦い合い、殺戮を繰り返し、荒廃する。空気そのものが死の煙で充満し、疫病は、すぐ剣の後に続くだろう。そして、これまで見たこともないような異変がそのとき天地に、日月星辰《じつげつせいしん》に現れるだろう。

そのとき、水瓶を携えた、赤い一つ目の白髪の老人が、東の先端、天の曲がり角を横切って進むとき、賢きものは頭《こうべ》を上げて、世の救いが近いことを知るであろう』……（注）

以上の言葉を大師は静かに語りかけてきた。その上で、あなたがこの言葉に忠実であるなら、この御業を成すであろうとも、無言の裡に語った。ハートからハートへ意識が伝わる驚くべき方法が使われた。

（注）水瓶は智慧を指している。赤い一つ目の白髪の老人とは、日本の国旗を暗示している。続いて、日本が世界の手本となることを比喩として表現している（筆者解説）。

あとがき

見える世界では、しばらく、緩やかな河の流れに乗って、物事が順調に回復するように見えるが、その河の流れの先に「深い滝壺」が、待ち受けていることは、誰も知らない。その滝壺は、政治・経済・文化をひとくくりにして、物質文明を呑み込んでしまう可能性がある。

日本人が、従来の物質文明のトレンドを改めない限り、この滝壺はさらに深くなる可能性がある。本書、「第六章、日本国の黙示録」の通り、日本人が、日本の国際的な役割を認識し、その高い精神性に目覚めたとき、この滝壺は浅くすることができる。

天変地異が起きて、現在見ている景色が一変するのか？　そのようにはならないと予想している。過去の文明崩壊をみて、そこから学ばないのは、進歩した人類ではない。

確かに、地磁気が逆転するポールシフト（地球のN極とS極が、南北で入れ替わること）が起きれば、ＧＰＳは役立たなくなるし、方位磁石は逆さに読み取らなければならない。それだけではない、既存の電磁気を利用した機器類が、機能を維持できるかどうか保証の限りではない。誰も経験したことがない自然現象だからである。大地震・津波・ポールシフトなどの天災地変は、目に見える文明の力では防げない。

それを防ぐには、人間の意識を物質指向から精神指向へと変えることである。具体的には、地球環境の大掃除をすることである。公害を出さない。化学薬品や化学肥料・物質を使わない。このような「精神文明」への施策を次々に実行すれば、日本は世界の手本になり得る。

二一世紀を担う幅広い世代に、「新しい日本の役割」と「日本人の精神性を高める指針」として、本書を捧げる。

二〇二〇年 水無月大祓　著者記す

小西昭生（こにし・あきお）

1949 年、東京都生まれ
1972 年、早稲田大学法学部卒業。同年、大協石油（現・コスモ石油）入社。支店営業・本社人事部・営業部・石油開発会社出向・文化事業室長・水ビジネスプロジェクトなど多彩な業務を体験。
42 歳で環境問題に目覚める。45 歳で独立起業し、南米ボリビア共和国の牧場事業、タイ王国でのエマルジョン燃料の開発などを手掛け、その後、水処理技術コンサルタントとして現在に至る。
水処理技術の手ほどきを、ヒマラヤで修養した大師から直接受ける。同時に霊的な修養も直伝され、25 年間、自己修養に取り組む。
古希を前に、物質文明の限界と新しい精神文明の到来を後世に伝える決心をする。スピリチュアルの世界を科学的に伝える講演を始めて、徐々に好評を博し、現在に至る。

日本機能水学会正会員・日本心理カウンセラー協会個人正会員・科学開発研究所代表。著書に『サイエンス・スピリチュアルの教科書』（小社刊、2018 年）ほか、雑誌・ブログへの投稿多数。

800年に一度の"文明交代"がやってくる
──コロナ後のニッポン

初版 1 刷発行 ● 2020年 7 月20日

著者
小西《こにし》 昭生《あきお》

発行者
小田 実紀

発行所
株式会社Clover出版
〒162-0843 東京都新宿区市谷田町3-6 THE GATE ICHIGAYA 10階　Tel.03(6279)1912　Fax.03(6279)1913
http://cloverpub.jp

印刷所
日経印刷株式会社

ISBN978-4-908033-82-7　C0036

装丁／小口翔平＋大城ひかり（tobufune）　校正協力／新名哲明・大江奈保子
編集・本文design＆DTP ／小田実紀